服务业发展与城市居民收入分配

刘丹鹭/著

FUWUYE FAZHAN YU CHENGSHI JUMIN SHOURU FENPEI

中国财经出版传媒集团
中国财政经济出版社

图书在版编目（CIP）数据

服务业发展与城市居民收入分配 / 刘丹鹭著. --北京：中国财政经济出版社，2019.12

ISBN 978-7-5095-9493-3

Ⅰ.①服… Ⅱ.①刘… Ⅲ.①服务业-产业发展-关系-居民收入-收入分配-研究-中国 Ⅳ.①F726.9 ②F126.2

中国版本图书馆 CIP 数据核字（2019）第 284309 号

责任编辑：胡 懿　　　　责任校对：胡永立
封面设计：王 颖

中国财政经济出版社 出版

URL：http：//www.cfeph.cn

E-mail：cfeph@cfeph.cn

社址：北京市海淀区阜成路甲 28 号 邮政编码：100142

营销中心电话：010-88191537

北京财经印刷厂印刷 各地新华书店经销

710×1000 毫米 16 开 11.5 印张 190 000 字

2019 年 12 月第 1 版 2019 年 12 月北京第 1 次印刷

定价：46.00 元

ISBN 978-7-5095-9493-3

（图书出现印装问题，本社负责调换）

本社质量投诉电话：010-88190744

打击盗版举报热线：010-88191661 QQ：2242791300

序

现代服务业是国民经济的重要组成部分，也是现代产业体系的重要内容。发达的服务业是推进结构转型升级、实现经济中高速增长的重要动力，也是全面建成小康社会的重要保障。党的十九大报告明确提出，“加快发展现代服务业，瞄准国际标准提高水平”“扩大服务业对外开放”；“十三五”规划纲要指出，“加快推动服务业优质高效发展。促进生产性服务业专业化，提高生活性服务业品质，完善服务业发展体制和政策”等。服务业的发展对于支持中国经济健康持续稳定发展意义重大。

第一，服务业是实现劳动就业的主力军，是新增劳动就业和吸收农业、工业领域转移劳动力存量的主要力量。中央提出“六稳”的举措，摆在第一位的就是“稳就业”。正常情况下，服务业每增长一个百分点，创造的就业机会比制造业高25%左右。近些年，我国经济运行下行压力加大，但劳动就业依然解决得比较好，主要归功于服务业的快速发展和服务创新的不断增强。随着移动互联网的普及和创新，“互联网＋传统行业”的发展模式在各领域持续发酵，以平台经济等为代表的新兴服务业态不断涌现。这些新经济、新服务的出现开拓了就业的新领域，有效地发挥了各类服务平台带动就业的效应，创造了许多新增就业岗位，舒缓了就业压力。

第二，发展服务业是走向制造业强国、攀升全球价值链的必然选择。先进制造业的起飞要靠新兴生产性服务业的智慧来支撑。一方面，生产性服务业有很强的产业渗透力和融合力，可以为制造业在新产品设计、生产工艺改进、营销渠道开拓等方面提供支持；另一方面，新兴服务业可以帮助制造业集群突破原有产业界限、向上下游和相关产业延伸，帮助企业获得新的价值增长点。通过促进嵌入全球产业价值链的制造业与生产性服务业形成互动的良性循环机制，可帮助制造业实现“链”的升级。

第三，发展服务业是企业转型升级、提升综合竞争力的重要手段。如今，许多制造商都是在其传统制造业务上通过增加服务而获取竞争优势的，制造企业也越来越多地依赖新兴服务要素投入并将它作为重要的竞争手段。制造业服务化和服务型制造正成为制造业发展的主要方向，也是其综合竞争力提升的重要手段。例如，IT 技术的应用和推广可提高制造业生产环节智能化、数字化水平，减少浪费，提高生产和交易效率；供应链管理则使企业运用 IT 技术和新兴物流管理流程，降低流通过程中的物耗。因此，现代服务业为企业采用先进的生产方式和销售方式等提供了支撑。

中国学者对服务经济的研究历程，从文献的时间维度梳理，总体可分为四个阶段，每个阶段研究的主要议题或热点不尽相同。第一阶段为 1949—1978 年，服务经济研究零星点点。在这个阶段，由于服务经济（第三产业）的发展基本不被认可，甚至处于被批评的境地，这个领域的研究几乎是空白，即便有，也是零星点点，基本是边缘化的，是碎片化的研究。第二阶段为 1978—1992 年，服务经济研究逐渐起步。这个阶段，服务业逐渐被“正名”，学术界开始关注服务经济问题，但总体来看，这个阶段在服务经济领域的研究力量比较单薄，研究领域比较狭窄，研究方法也比较单一。这一阶段的研究基本是定性分析，缺少严谨的实证研究。第三阶段为 1992—2012 年，服务经济研究热度迅速高涨。在这个阶段，我国社会主义市场经济体制正式确立，服务业发展、改革开放都迈上了新的台阶；服务业在国民经济中的地位迅速上升，并成为学术界研究的热点议题；研究范式从以规范分析为主转向以实证分析为主，并较多地引进吸收西方经济学的有关研究方法，研究视野大大拓展，高水平理论研究成果不断推出。第四阶段为 2012 年以来。在这个阶段，服务业成为国民经济的“半壁江山”，也是劳动就业以及利用外资的主力军。实践的发展促进了理论的升华。服务经济理论无论研究范围、深度还是研究范式，都有了长足进步，与国际服务经济理论前沿日趋接轨。更为重要的是，这个阶段的服务经济学研究视野更加开阔、研究对象更加确定、研究框架更加完善，服务经济学科建设日趋成熟。

当前，服务业正迈入高质量发展阶段，新现象、新领域层出不穷，需要研究的问题不断增多。就研究范围来看，大致围绕服务业的统计和核算、服务业增长、服务业生产率、服务业劳动就业、服务业互联网化、服务业全球化等问题展开。这本《服务业发展与城市居民收入分配》如书名所示，研究的主题主要聚焦服务业发展及相关的财富分配问题，运用严谨的实证方法，从服务业的工资、收入份额、收入差距、税收政策等角度进行了论述。

总体而言，本书具有以下三大特色：第一，视角新颖。对服务业的传统研究主要关注点在效率方面，较少关注公平和分配领域；而收入分配方面的研究，又较少关注服务业。本书将两者结合起来，丰富了服务经济和收入分配领域的研究。第二，所研究的问题具有现实针对性。和发达国家相比，中国作为发展中国家，收入分配问题有独特之处，又主要集中在服务业领域。本书对中国服务业领域的这些现实问题进行了详细探讨。第三，强调服务业自身的特点。本书抓住中国服务业的二元结构和不均衡增长的特性，阐明了不同特点的服务业发展可能带来的积极和消极影响。全书通读下来，结构完整，内容丰富，特向读者推荐。

夏杰长

中国社会科学院财经战略研究院副院长、中国市场学会会长

2019 年 12 月 10 日

目　录

第一章
绪 论

一、引言

收入分配已经是时下最具热度和争议的话题之一。全球范围看，从20世纪90年代以来，收入差距在所有地区都不断加剧，1%最富有的群体所占国民财富的比例在大多数国家都在增长。改革开放之后，经历了高速经济增长和家庭收入提高的中国，收入差距加大的现象也日趋严重。国际货币基金组织（IMF）在《财政监测》报告中称，至2015年左右，中国前10%的收入阶层占有超过2/3的社会财富，不均衡程度接近美国。

对于经济增长和收入差距，库兹涅茨于1955年提出了“倒U型”假说。在工业化和经济发展的进程中，收入差距会出现先扩大后缩小的过程。他将经济体分为两个部门：农业和非农业。在工业化的早期阶段，由于不平等程度较高的非农业部门的比重加大，收入差距迅速扩大；紧随其后的是收入差距大幅缩小的工业化后期阶段，非农业部门占据主要地位，部门之间收入差距缩小，不均衡程度将大幅降低。然而，自20世纪70年代以来收入差距在发达国家尤其是美国显著增加，让人们觉得库兹涅茨的预言是否过于乐观。

把国民经济按三次产业划分是20世纪中期开始形成的做法，当时第一、第二、第三产业在发达国家的经济和就业中所占份额大致相当（皮凯蒂，2014），故库兹涅茨设计两个部门时并没有预测到服务业和其中部门间的收入差距。当工业化进入后期，服务业在发达国家的地位可以概括为“占70%以上”：即在服务业中就业的劳动力达到70%以上，服务业增加值占国内生产总值（GDP）的70%以上，服务业中的生产者服务业占比达到70%以上。中国虽然还是发展中国家，却也进入了服务业的高速发展期。做出这一判断的依据是，首先，对比近10年来三次产业的增长，服务业已经进入稳步增长的轨道。2013年，服务业增加值占比超过第二产业，并持续增加；1994年和2011年，服务业的就业占比超过第二产业、第一产业（见图1－1），目前已经是我国对就业影响最大的产业。其次，2016年中国的人均GDP大约是8 000多美元，这个阶段各国经济发展普遍出现了消费需求旺盛、服务业成为主导产业、产业结构向高级化转型的规律。最后，从中央到地方的各级政府都将服务业纳入政策优先领域，通过财税、信贷、土地和价格等措施促进服务业快速发展，制造业主导的政策正在逐渐被改变。

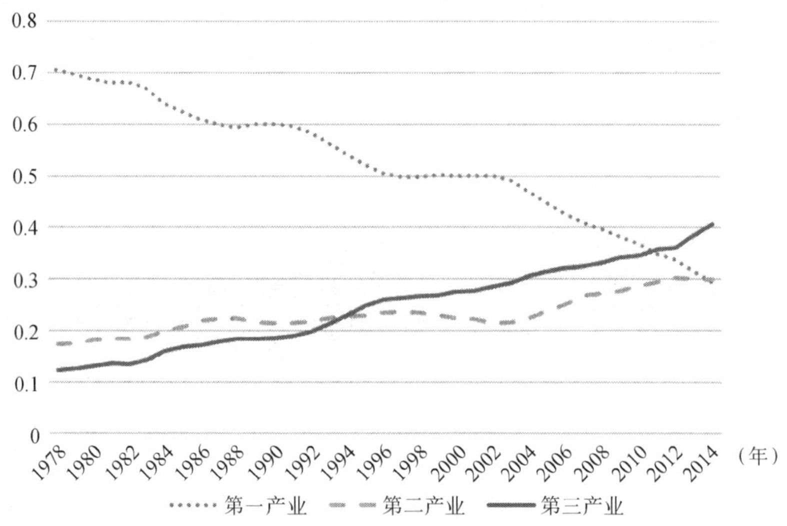

图1－1 各年份总就业份额

资料来源：国家统计局。

进入以服务业为主导的时代，绝大部分新增就业和增加值都属于服务业，粗糙的三次产业划分已经失去了原有的价值。服务业是一个综合复杂的部门，内部包含的部门之广泛，部门间收入差距之大，以至于简单地用传统一、二、三次产业结构变迁的视角来研究收入分配，并不能够提供更多有效的信息。

目前对收入分配的众多分析都是基于三次产业的划分来进行，并未涉及服务业对居民收入分配的影响。本书认为，基于服务业已是包括中国在内的大多数国家的首要产业的事实，从服务业的视角来研究其作为一个行业对收入分配模式的影响，可能更能抓住现代社会收入差距扩大问题的关键，也更具有现实性。中国服务业发展中的诸多问题确实能和收入差距对应起来。需要说明的是，服务业是现代城市经济的产物。服务生产消费的一体性决定了服务业的发展是需求导向的，它只可能在因消费者大量集中而产生旺盛需求的城市中发展。与基本实现城市化的发达国家不同，由于长期城乡二元结构的存在，中国的城镇化未来还有较大的提升空间。因此，从服务业视角研究收入差距，焦点只能集中在城市。在接下来的内容中，简要回顾相关文献之后，我们将概括本书研究的核心概念和分析逻辑，并根据不同的服务业分类，分析其发展对城市居民收入分配模式的传导机制，这些分析是本书得以展开的基础。

二、相关研究的简要回顾

收入分配的研究文献浩如烟海，受到较多关注的首先是全社会的国民收入分配状况（李实、赵人伟，1999；王小鲁、樊纲，2005；白重恩、钱震杰，2009），其次是地区间收入差距（林毅夫、刘培林，2003；邹薇、张芬，2006），城乡收入差距（蔡昉，2003；陆铭、陈钊，2004），行业间收入差距（任重，周云波，2009；武鹏，2011）等。相关文献一般都是沿着以下三种思路展开：

一是从宏观经济变量角度，研究它对某个国家或地区的全社会分配状况的影响，例如经济发展程度（Kuznets，1955；Nielsen，1994），经济结构转变（Anand 和 Kanbur，1993；Cook 和 Uchida，2008），通货膨胀（Parker，1999；Xu 和 Zhou，2000），失业（Gustafsson 和 Johansson，1997），国际贸易（Fajelbaum 等，2009）等。二是从微观个体角度，研究它对各国家、地区、行业的个人收入的影响，例如家庭构成（Blank 和 Card，1993），年龄结构（Deaton 和 Paxson，1997），教育和人力资本（Knight 和 Sabot，1983）等。三是从较为抽象的制度、文化等角度，研究它对某个国家或地区的全社会分配状况的影响，例如宗教文化传统（Partridge 和 Rickman，1998），民主程度（Gradstein 和 Milanovic，2002），腐败程度（Gupta 等，2002）等。

这些研究不仅丰富了发展经济学的理论宝库，而且为发展中国家制定收入分配的调节政策提供了依据。目前对国内城市居民收入分配的研究，基本遵循上述文献中的三种思路（陈宗胜、周云波，2001；张晓静，2008；陈斌开等，2009；李实、宋锦，2010）。这些研究分析城市居民初次收入分配，均较少触及产业结构变迁，尤其是服务业的特征问题；从产业结构变迁角度解析收入分配的文献，又忽视了服务业内部复杂的部门之间的影响。这正是本书的主要切入点。

三、相关概念和分析框架

首先需要说明的是本书所用的分析范畴。根据服务业使用者的性质，通常将服务业分为三种类型：生产者服务业、消费者服务业和公共服务业。生产者服务是为商品和劳务的生产者提供的中间性投入的服务，消费者服务是为适应居民消费结构升级消费者直接购买的服务，公共服务是政府或公共组织为社会大众提供的非营利的具有公共品属性的服务。不同性质的服务业性质各异，尤其是生产者服务业和消费者服务业。例如，生产者服务业的不少部门采用现代生产方式，通常生产率高、垄断程度强、知识与资本高度密集、可贸易程度高，消费者服务业的不少部门采用传统生产方式，通常生产率低、竞争程度强、劳动高度密集、本地化程度强。于是，它们的增长构成了服务业高度不均衡的二元结构，主要体现在：一是高生产率部门和低生产率部门同时增长。二是垄断性部门①和竞争性部门同时增长。三是知识密集型部门和劳动密集型部门同时增长。四是不可贸易的本地化部门和可贸易的国际化部门同时增长。

服务业的这种内部结构，将极大程度影响城市居民的收入分配模式。我们提炼出全书研究的核心假设：随着以城市为主的现代服务经济格局的形成，服务业已成为目前和未来影响我国居民，尤其是城市居民初次分配收入格局的首要产业。在中国，服务业特殊的不均衡的二元结构更是进一步放大了城市居民收入的不平等。生产者服务业，包括垄断性部门、资本与知识密集型部门和国际化的部门，如金融业和电信业，通常收入较高；消费者服务业，包括竞争性部门、劳动密集型部门和本地化的部门，如餐饮业和零售业，通常收入较低。在高收入的生产者服务业和低收入的消费者服务业的发展过程中，高收入部门如果增长相对较快，就形成了服务业高收入部门相对低收入部门的不平衡发展，这种发展将会扩大收入差距。作为将收入从高收入群体向底层低收入群体

---

① 经济学中的垄断主要指与竞争相对而言的一种市场结构。它与竞争构成天然的一对矛盾。有关服务业垄断的详细界定和论述请参考本书第三章。

转移的公共服务业，本应具有收入再分配的调节功能，却因为严重的短缺和非均等化难以起到足够的托底作用。这些中国服务业的行业特征，可能会导致出现一条中间凹陷的“M 型”曲线取代传统的“钟型”收入分配曲线的情况，曲线两端的人群增加，使居民收入分配的态势更加严峻。逻辑框架如图 1－2 所示：

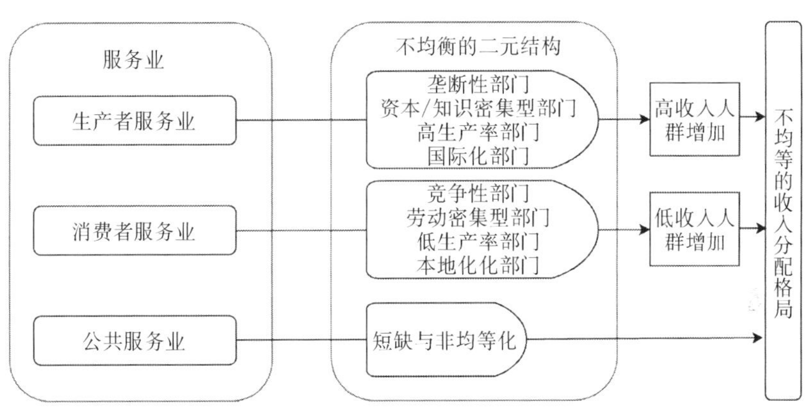

图 1－2　服务业发展与收入分配格局

四、服务业二元结构与收入差距

服务业的二元结构，从技术进步角度看，主要指的是服务业传统部门和现代部门的并存。服务业的传统或现代与否，取决于两个部门应用现代先进技术的程度。应用 IT 技术、具有信息化特征的服务业部门，突破了服务只能在本地生产和消费的限制，能够在异地乃至全球进行交易，生产效率得以迅速提高。根据新古典的工资理论，工资由工人的边际劳动生产率决定。现代部门和传统部门的生产效率差距使各部门从业者之间的收入产生了巨大差距。若加上服务业已有的垄断部门与竞争部门之间的收入差距，就形成了不断固化原有收入差距的循环。具体言之，通过以下机制实现：

首先，技术变革在服务业某些部门的应用迅速提高了这些现代部门的生产率，拉大了其与不能应用现代技术的传统部门的收入差距。鲍莫尔所说的技术停滞的低生产率部门，如住宿、餐饮等传统行业，受到自身行业特征的制约，生产和消费每项服务的时间和人力投入固定，边际成本固定，没有规模效应，既很难通过新技术提高生产率，也很难像制造业一样通过规模效应降低成本，报酬和投入接近线性关系；而技术进步的现代部门，通过技术应用大幅提高生产率，报酬和投入之间没有直接关系。例如，信息软件业中，由于软件已经被编码化，与开发一款软件投入的成本相比，新生产一份的边际成本几乎是0，销售1 000万份和1万份的成本差别很小，收入却相差了无数倍；金融业中，管理操作基金也是电子化的，故1 000万元资金和1万元资金的人力成本和时间成本相对固定，只有资金的大小存在差别，利润却因此相差了无数倍。高科技行业和金融类行业，其行业性质和得益于技术变革带来的特殊的规模效应使这些部门的收入水平大大超过传统服务部门。这些行业因为高技术密集和高报酬的特质，对于从业者有很高的教育及人力资本要求，社会上少数的群体收入水平的大幅增长，更多地处在低收入行业，自然使不平等系数进一步增加。如表1-1所示，生产者服务中的现代服务业代表，金融业、信息传输和计算机软件服务业，2015年从业人员平均工资在11万元以上，居于所有部门之首，而住宿餐饮业的平均工资为4万元左右，位于所有部门最末。

表1-1　　2009—2015年服务业发展比较（1）

	交通运输、仓储及邮电通信	信息传输、计算机服务和软件	批发零售	住宿餐饮	金融	房地产	租赁商务服务
平均就业增速	3.8%	10.9%	6.2%	4.6%	5.7%	11.7%	8.0%
平均工资增速	12.4%	11.1%	14.5%	11.6%	13.9%	11.7%	12.8%
2015年平均工资（元）	68 822	112 042	60 328	40 806	114 777	60 244	72 489

资料来源：国家统计局。

表1-2　　2009—2015年服务业发展比较（2）

	科学研究、技术服务和地质勘查	水利、环境和公共设施管理	居民服务和其他服务	教育	卫生、社会保障和社会福利	文化、体育和娱乐
平均就业增速	6.4%	4.3%	3.2%	1.6%	5.4%	2.2%
平均工资增速	12.2%	12.1%	10.6%	13.7%	13.1%	12.2%
2015年平均工资（元）	89 410	43 528	44 802	66 592	71 624	72 764

资料来源：国家统计局。

其次，电子化、可编码化的现代服务业，由于信息技术改变了其本地化的特性，并受益于现代交通的发展，具备了迅速扩张市场地理范围的前提，生产效率提高。服务业中可贸易的国际化部门和不可贸易的本地化部门的收入差距拉大。现代的可贸易的服务，不再像传统服务那样难以运输和储存，相反可能比商品还要便捷。因为电子化的服务既不需要运输工具，也不会受到国界和关税的限制，专业化和规模经济的效应因此得以显现。例如，在娱乐、体育等行业，观众或通过电视互联网观看国际比赛，或购买电子化的音乐、电影等国外娱乐产品；在医疗行业中，在电子技术的帮助下，检验、放射影像、医疗抄录等容易被数字化和不需要面对面交流的环节可以外包；连传统的零售行业，也因为加上互联网的概念变成了新型电子商务企业。在这些行业中，服务的交易一旦跨越国界，消费者的范围就能够从本地扩张至全球。原本不可贸易的服务业突破了自身的限制，同样劳动时间和人力的付出，产出和收入却因为地理范围的扩大上升了无数个数量级。于是，不可贸易的本地化传统服务部门因为并未搭上全球化的快车，拉开了和可贸易的服务业的收入差距；而可贸易的国际化部门，原本的顶层人群的收入上升更大，与行业内部中低层从业人员收入的距离被扩大，“赢者通吃”的现象甚至可能出现在全球范围，行业内部也会出现严重的分层现象。例如，在表 1－2 中，本地化特征较强、不可贸易的部门，如水利、环境和公共设施管理业，居民服务和其他服务业，住宿餐饮业，批发零售业，房地产业，这几个部门的工资水平在所有部门中均较为落后。

最后，服务业的垄断部门通过抬高进入壁垒排斥竞争，扩大了和非垄断部门的收入差距。技术进步和全球化是全球范围内的普遍现实，而缺乏竞争就是我国收入分配现状恶化的重要因素。这种局面大多不是因为后续市场竞争产生，而是事先规定的结果，并且尽管目前已经不断进行行政审批和营商环境优化方面的改革，但相比第一产业或第二产业，服务业的进入壁垒依旧最强，覆盖面也最广，特别是在高收入的交通、电信、金融、科研等行业。一般的服务行业也面临较多行政审批和许可等直接进入管制。除了信息传输、计算机服务和软件业以外，民营资本主要只能进入住宿、餐饮、批发、零售、居民服务等低收入服务业。竞争通过压低利润进一步减少了行业平均收入。服务业中高度垄断的行业与高度市场竞争的行业并存，是我国转型过程中导致财富差距扩大的重要因素。

服务业的垄断形成了已有的二元收入模式，随着时间的推移，现代技术和全球化的冲击使初始的收入差距固化，并得到乘积式的扩张，生成了我国独特的收入分配格局，也使治理初次分配的形势较为严峻。但是从另外一个角度想，如果能够理顺新格局下收入分配模式与传统模式的差异，从服务业入手，在政策方面加以调节，就抓住了现代经济发展背景下收入分配问题的关键。例如，我国正在深化“放管服”改革，商务部和国家发展改革委2019年10月印发的《市场准入负面清单（2019年版)》，对市场准入环节实行“非禁即入”管理模式，大幅放宽了准入门槛。这种以服务业为重点试点对市场准入的放宽，就可以视为从服务业行业源头上调节收入分配的举措之一。这类政策将能够有效、迅速且低成本缩小居民收入差距。这是本研究的主要出发点，也是后续研究持续关注的重点。

五、公共服务业的二元结构与收入差距

虽然服务业复杂的二元结构可能拉大收入差距，但服务业中包括一个再分配的工具——公共服务业。在服务业的三分法中，公共服务是政府或公共组织为社会大众提供的非营利的具有公共品属性的服务，包括基本生存服务（社会保障、社会福利和救助等），主要是保障居民的生存权；公共发展服务（教育、医疗等）；环境服务（公共交通、公用设施和环境保护等）；公共安全服务（药品安全、治安和国防安全等）。从再分配的视角看，公共服务本质上是将社会所有不同收入水平者提供的税收收入进行再分配，从而调整收入差距。从初次分配的视角看，公共服务通过教育、医疗、文化体育等的作用，改变居民人力资本和个人生产率，最终提高居民在初次分配时的收入。

然而，中国长期以来偏向经济发展的财政支出结构和城乡、地区、人群间的二元结构，使公共服务业一直存在短缺和非均等化的二元结构，进而严重影响了它本身的再分配和初次分配功能。从国家财政经费支出的投入方向看，对教育、科研、文体、卫生、社会保障和就业等公共服务相关的投入，并未随着经济增长而增加，而是长期在低水平处波动。例如，从图1-3可以看出，对教育、科研文化体育、卫生、社会保障和就业等公共服务的投入，虽然近10年来有所增加，但占比均不足当年GDP的4%。即使是几项投入中最高的教育领域，投入的峰值也没有超过当年GDP的4%。这一水平不仅低于发达国家，

也低于世界平均水平①。社会保障与就业支出方面，从数量上来看，社会保障和就业方面的支出占财政支出的比重近10年来持续在10%上下，不仅低于发达国家30%以上的比例，也低于规划的目标②。这样的投入结构直接导致相关公共服务短缺。

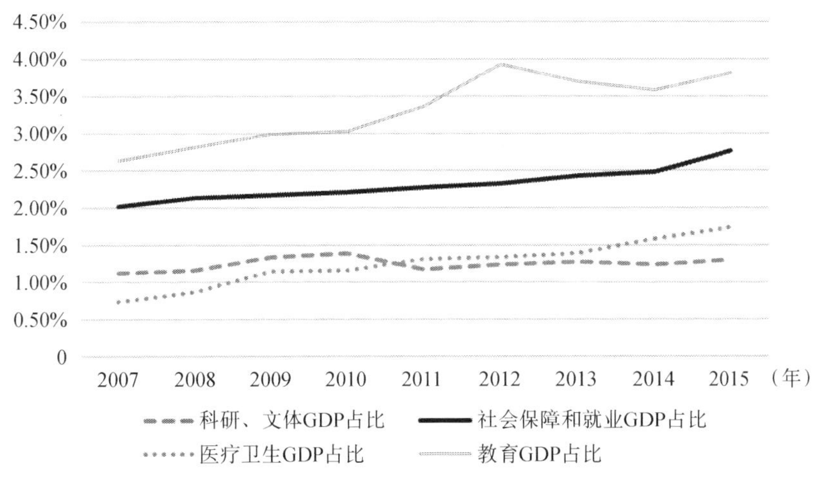

图1 3 我国公共服务支出GDP占比

资料来源：国家统计局。

公共服务业是行政垄断性很强的部门，在公共服务领域，政府对民营资本和境外资本有着诸多进入限制。表1-3显示，在公共服务业中，国有和集体的从业人员占据绝对比重，有几个部门这一比例甚至达到95%。本地化特征很强的公共服务业，只能单纯依靠地方政府来提供。这造成公共服务短缺，使本应由政府承担的部分转而由个人和社会其他力量来分摊。以医疗卫生费用为例，直到2010年以前，医疗费用承担主体一直是个人，政府承担的部分不足1/3（见图1-4）。

由地方政府承担的部分，资源配置出现了严重的非均等化。各地的经济发展水平和财政支持力度直接制约了各地公共服务提供的数量和质量。公共服务的主要职能是填平收入差距、履行再分配功能，但现实中公共服务的发展却仍

① 1993年《中国教育改革与发展纲要》提出，2000年前中国国家财政性教育经费支出应该占GDP的4%。后多个规划又提出了这一目标。

② 2000年国务院颁布《关于完善城镇社会保障体系的试点方案》中要求把社会保障支出占财政支出的比重提高到15%至20%。该目标一直都未能实现。

表 1－3 公共服务业中国有和集体单位就业占比

年份	科学研究、技术服务和地质勘查	水利、环境和公共设施管理	教育	卫生、社会保障和社会福利	文化、体育和娱乐
2006 年	83.4%	93.8%	98.6%	98.1%	91.8%
2007 年	82.5%	93.0%	98.4%	98.0%	90.9%
2008 年	79.8%	93.1%	98.2%	97.8%	89.8%
2009 年	78.4%	91.8%	97.3%	97.3%	88.1%
2010 年	76.6%	91.5%	97.0%	97.1%	87.7%
2011 年	74.3%	90.7%	96.4%	96.8%	85.8%
2012 年	71.9%	90.0%	95.9%	96.2%	85.3%
2013 年	59.1%	84.3%	94.6%	94.4%	76.1%
2014 年	56.4%	82.9%	94.1%	93.6%	74.4%
2015 年	53.1%	81.1%	93.8%	93.2%	71.2%

资料来源：国家统计局。

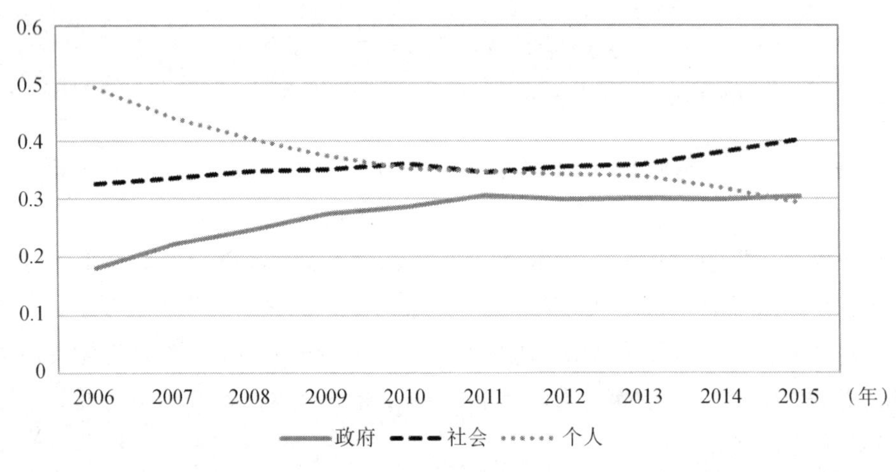

图 1－4 卫生费用支出结构

数据来源：国家统计局。

有较大提升空间。不发达地区和农村急需公共服务投入，然而只有发达地区和城市才有财力支持公共服务供给，这就形成了强者越强、弱者越弱的马太效应：越是发达地区，公共服务提供水平越高；越是不发达地区，公共服务供给越是欠缺。二元结构的存在，致使各项公共服务也出现了明显的二元结构。区域间、城乡间公共服务供给不均等，阻碍了公共服务发挥社会稳定器的功能，进一步加剧了收入差距。

六、结构、主要观点及创新

本书探讨了我国服务业发展会怎样影响城市居民收入分配。服务业发展对居民收入分配的影响按照行业的特征可以分解为两个方面：一是具有二元结构的服务业部门不均衡增长加剧社会收入分配差距，二是具有转移支付和托底功能的公共服务业具烫平收入分配曲线的作用。本书即围绕此展开，依照图 1－2 的分析框架，余下部分由 7 章组成。第二章为描述部分，利用微观调查数据描述我国不同类型的服务业对于城市居民收入差距的影响和影响程度。接下来是分析部分，也是本书研究的主体，主要研究服务业不均衡的二元结构对于城市居民收入的决定机制。第三章、第四章从初次分配的主体即企业的视角研究服务业的行业收入问题。第三章利用微观企业的数据，探讨技术创新和垄断这两种二元结构的特征变量对服务业企业工资的影响。第四章则从要素分配的角度，同样利用微观企业数据，研究服务业的劳动收入份额及其影响因素，以及要素分配是否受到服务业不均衡二元结构的影响。第五章、第六章上升到区域视角研究服务业的行业收入问题，并且将区域的数据和个人数据结合起来。第五章分析具备了可贸易性的服务业与本地化的服务业在城市间的不均衡发展，在此基础上分析可贸易性这一特征对于城市居民收入差距的影响。第六章研究的是服务业的二元结构如何影响收入格局等。这一章从产业集聚的视角探讨各种服务业的不均衡集聚带来的外部性以及对于城市间收入格局的影响。第七章和第八章涉及收入的再分配。第七章研究的是具有再分配功能的公共服务业的二元结构（即非均等化发展）以及对收入差距的影响。第八章研究了再分配政策中的服务业税收政策，主要内容是服务业税收政策及对经济增长可能产生的影响。

以上章节论述得到以下三点值得引起重视的结论：

第一，服务业的发展有可能引起一个更加不均衡的收入格局。这不仅仅是因为服务业自身的二元结构，服务业中有利于减缓收入差距的因素面临诸多壁垒也是重要原因。例如，公共服务业本应该起到平滑收入分配曲线的作用，但是公共服务在城乡间、地区间、不同人群间的不均等的二元结构，反而可能引起更大的差距。又如，服务业从理论上看应该是在分配时偏向劳动而不是资本的，但来自企业的数据告诉我们，我国的服务业偏向资本密集型，要素分配中劳动报酬占比甚至低于制造业。

第二，在影响收入分配格局的因素中，源自垄断的比源自服务业自身特征的更需引起重视。在服务业企业中，技术创新与对应的工资存在脱钩现象，行业的所有制垄断是服务业企业工资收入存在差异的主要原因。与行政性垄断相比，技术创新对服务业工资水平影响不大。靠垄断而不是技术创新带来利润，违背了市场自由竞争的原则，不利于我国企业提升国际竞争力。

第三，目前急需解决的应当是收入分布曲线左侧，即低收入人群，收入过低的问题。底部收入人群的增多是城市居民收入差距增大的主要原因。过去20多年，大量劳动力由农村进入城市，由于受教育程度较低，他们只能从事服务业中工资较低的劳动密集型工作，城乡二元结构的制度安排不能使这部分人群有所保障。政策的目标应当主要放在提高收入分布曲线左边这一块人群的收入上，短期内逐渐消除对性别、户籍的限制；长远来看，通过增加教育资源供给、提高教育质量以及对低技能人群提供培训来逐渐消除贫富差距。从收入分布曲线右侧理顺收入分配的政策，重点应放在破除垄断及消除相关的行政性进入壁垒上，因为这才是造成收入差距的根源。

本书主要有两个方面的主要创新：

一是研究视角的创新。根据各国的经济发展规律，中国必将进入服务经济为主的社会。服务业将占据经济的主要部分，并对经济发展和居民生活产生重要影响。从服务业结构角度研究收入分配将是一个无法忽视的角度。本书以服务业为视角，将经济发展、产业结构和收入分配状况联系起来，在一定程度上丰富和补充了现有服务业的研究，以及收入分配影响因素的文献。

二是政策视角上的创新。以往的研究通常认为，初次分配效率优先，再分配兼顾公平，初次分配的主体是企业，政府主要在再分配过程中加以调节，较少提及政府在初次分配中的作用。中国目前的现实情况则是，收入差距大并少有二次分配。本书从产业视角出发，意在强调制定合适的产业政策对初次分配的重要性。现有政策一般主要面向再分配领域。其政策意义是，如在初次分配中就先以相关产业政策加以调节，使初次分配兼顾效率和公平，那么比之到了再分配环节的调节，政策的执行成本将更低，有效性将更高。

第二章 服务业发展对城市居民收入差距的贡献

一、引言

现代城市是服务经济的载体。统计显示，发达国家的城市居民绝大部分在服务业就业，近年来我国的城市居民也有一半左右在服务业就业，在北京等大城市，这一比例更是达到70%以上。从全国范围看，目前服务业也已经超过第一、第二产业成为三次产业中占比最大的行业。随着时间推移，服务业已经成为影响城市居民收入分配的首要行业。

在发达国家，服务业行业收入的不均衡增长早已对贫富分化产生重要影响。服务业收入的不均衡增长源于内部的生产率差异。Baumol（1967）提出“不均衡增长”，用来解释20世纪60年代美国很多城市出现的“中心城市”问题。有一些服务业被认为是“停滞的”，它的技术不随时间变化，因为这一类服务业无法采用大规模生产方式提高效率；还有一些服务业是“进步的”，生产率可以快速提高。这里服务业的异质性主要表现为生产率的差异，生产率的差异是服务业行业收入差异较大的直接原因。技术停滞的服务业具有劳动密集程度高、使用低技术工人、高科技扩散慢的特征，因竞争充分，故工资由边际成本定价，相对较低。技术进步的服务业，则相应具有技术或知识密集程度高、使用高技术熟练工人、高科技扩散快的特征，垄断性较强，工资由边际收益定价，相对较高。这两种极端的服务业的发展对收入分配的影响较大。只要高收入人群和低收入人群比中间收入人群增长更快，结构性的收入分配不均现象就会更加严重。从行业发展的角度看，服务业各部门的不均衡增长会影响劳动力的需求。增长较快的部门，吸收更多劳动力，不均等进一步被自我强化，收入分配曲线中间凹陷而两边凸起。以制造业为主体的产业结构，因制造业的生产率相对均匀，工资差距较小，故收入分配相对合理。例如，1980 年后已经进入服务经济时代的美国就出现了这种“双峰”（Bimodal Distribution）现象，或称“极化”现象（Autor 和 Dorn，2013）。

中国服务业也出现了明显的不均衡增长趋势。最近 10 年就业增长率最高的几个行业，房地产业、信息传输、软件和信息技术服务业、租赁和商务服务业、住宿餐饮业和科研技术服务业，住宿餐饮业的平均工资在 14 个部门中最低，信息传输、软件和技术服务业平均工资最高，最低行业工资仅有最高行业工资的 36%。除住宿餐饮业之外，就业增长率最高的几个行业，其平均工资都相对较高（见图 2 –1）。住宿餐饮业是典型的使用低技能工人的“停滞”的劳动密集型服务业，而信息传输、软件和信息技术服务业是典型的使用高技能工人的“进步”的知识密集型服务业。图 2 –2 和图 2 –3 分别是 1999 年和 2013 年的城市居民平均月收入核密度分布图，突出了劳动密集型服务业、知识密集型服务业与服务业不同的特征。劳动密集型服务业的峰值密度在左端，且远高于其他行业分布和整体分布，说明从事劳动密集型服务业的大部分居民收入水平较低；知识密集型服务业的峰值密度在其他分布的右端，说明从事知识密集型服务业的大部分居民收入高于从事其他行业的居民。对比两张图可以发现，服务业和全体居民的核密度分布曲线在 1999 年时近似“倒 V 型”，到 2013 年，收入分化加大，两行业分布曲线出现不同程度的凸起，表明随着行业不均衡增长的加剧，新型的城市居民收入分配曲线已经代替了传统的“倒 U 型”或“倒 V 型”曲线。不同于发达国家贫富人群占比都较高的“双峰”，我国的这条曲线左端的“单峰”比较突出，说明大部分人群的收入还偏低。

与发达国家相比，我国的服务业的不均衡增长与转型背景下几个独特的现象有着密切关系，呈现异质性更强的二元结构，因而对收入分配格局的影响也更加深远。

现象一：近年来，大量农村劳动力向城市转移。流动人口比重的上升不仅影响了城市内部收入分配，还使城市内部收入分配在全国总收入分配格局中越来越重要。外来务工人员大部分受教育年限较短，属于非熟练劳动力，多在低工资、低技术的劳动密集型服务业就业。

现象二：垄断行业收入过高一直是社会关注的焦点。我国的服务业中，垄断的特性往往和其他正面影响行业收入的特性叠加，异质性不断自我强化。“行政垄断”强的部门，往往也是知识密集型的高收入、高进入壁垒的行业，

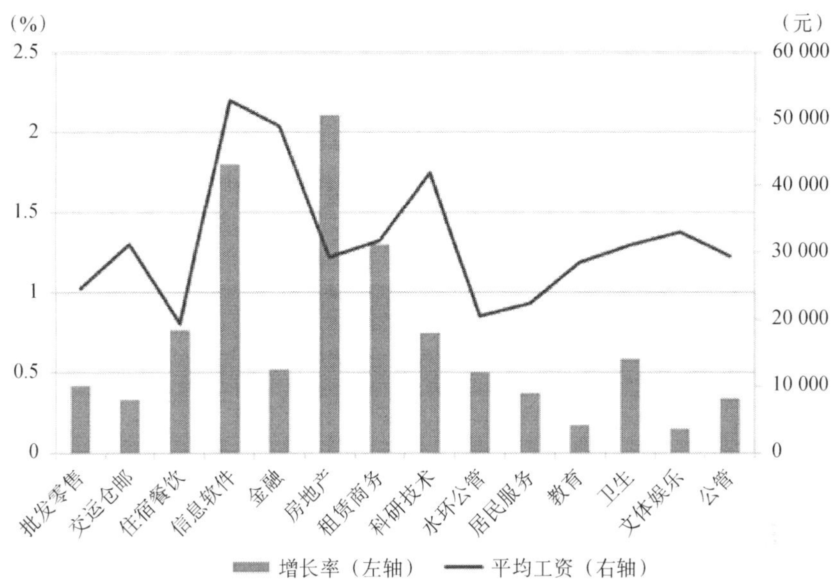

图 2－1　2003—2013 年服务业各部门就业增长率和平均工资

资料来源：各年《中国统计年鉴》。

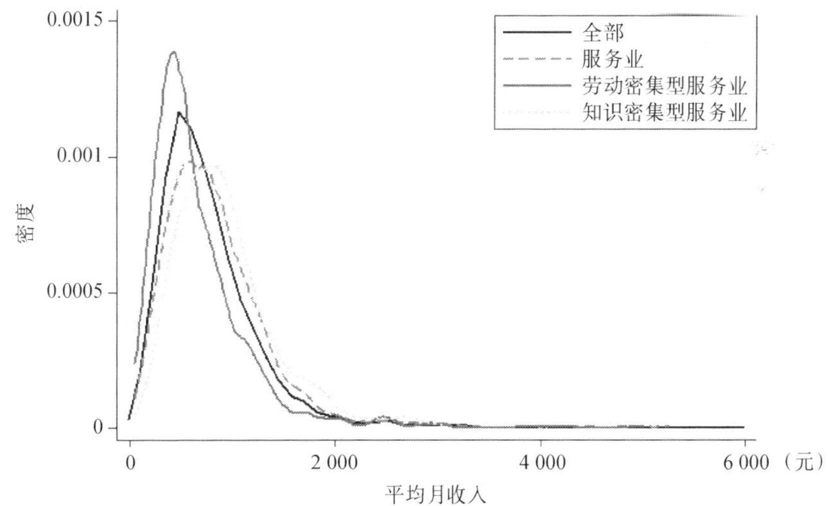

图 2－2　1999 年服务业平均月收入核密度分布

资料来源：根据中国家庭收入调查（CHIP）数据计算。

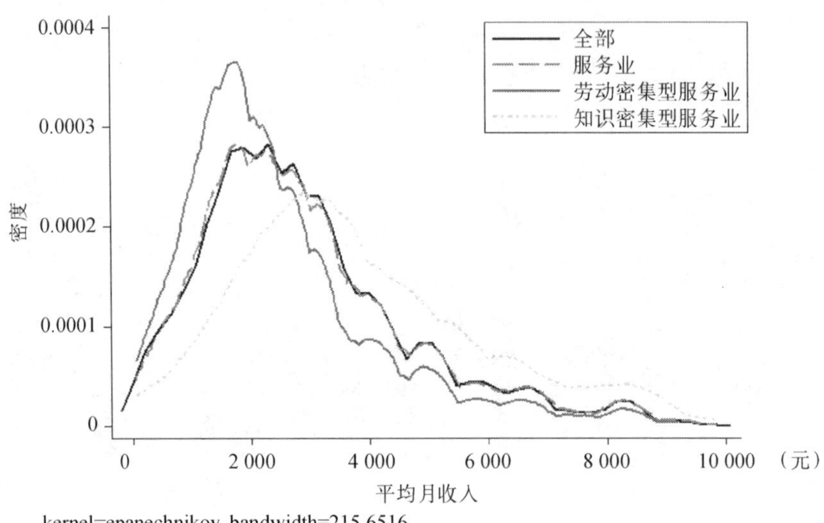

图 2－3　2013 年服务业平均月收入核密度分布

资料来源：根据 CHIP 计算。

如金融业和电信业；市场竞争强的部门，往往是劳动密集型的低收入、低进入壁垒的行业，如餐饮业和零售业。即使不是一般意义上的知识密集型行业，各种公共部门，其工资、从业人员的受教育年限也均显著高于非公共部门（尹志超，甘犁，2009）。显著的行业收入差距以类似效率工资的作用，将优质劳动力吸引到高收入行业，扩大了收入差距的缺口。

现象三：伴随着全球化，许多国家出现了低技能劳动力和高技能劳动力工资差距不断扩大的现象，不少学者认为这是贸易自由化带来的技能偏向型技术进步所致：开放度的提高使企业更多地进行研发，从而增加对高技能劳动者的需求，扩大了二者间的收入差距（Wood，1995）。传统的劳动密集型服务业需要面对面的互动，具有很强的本地化特征，难以被电子化和运输，也不具有可贸易性；而现代的知识密集型服务业，如信息通信技术行业，在技术变革的影响下，可以被电子化为可传输、质量损失较小的服务，因此这部分服务业将能够得益于全球化而迅速发展。可传输可贸易性的提高，进一步增强了服务业行业间的异质性。

综上所述，从服务业的行业发展视角来分解城市居民的不平等，是一个适用范围较广也较为统一的框架。在这个框架下制定的收入分配政策，从初次分配阶段就能够发挥作用。尽管服务业发展对收入分配的意义十分重要，从产业视角分析的文献却不足，现有文献强调的主要是垄断行业与普通行业的收入差异（陈钊等，2010；聂海峰等，2016），并未在服务业的框架下进行，也没有揭示服务业独有的行业特性带来的不均衡增长对收入不平等的影响。本章尝试在服务业视角下定量测度各种类型的服务业对城市居民内部收入差距的重要性。为了完整地反映不同时期城市劳动力市场的演变，本章将服务业分为劳动密集型服务业、知识密集型服务业、公共服务业，利用 1995—2013 年的 CHIP 数据，首先运用基于回归的夏普里值分解法，基于服务业的分类，对影响城市收入不均衡的因素进行分解，研究服务业及内部不均衡情况对城市居民收入分配的贡献和变化；随后根据服务业的异质性，描述服务业内部的收入不均衡情况，以及不同类型的服务业对服务业整体收入差距的贡献。

二、数据及方法

（一）数据说明

本章使用的数据集为包含城镇居民和流动人口信息的全国范围的劳动力市场调查数据，即中国家庭收入调查（CHIP）1995 年、1999 年、2002 年、2007 年和 2008 年以及 2013 年的数据。这 6 个年份的数据涵盖了 11 个、6 个、12 个、16 个、9 个和 15 个省份中的城市。2002 年起，数据涉及了城镇家庭和流动人口家庭，具有较好的代表性。本章定义的城镇居民收入不均衡，即当年在户籍和流动人口的城市常住人口范围内的不均衡①。

本章的收入定义为包括工资、奖金、津贴和实物折现的总和的平均月收入，根据问卷情况，直接使用的是月收入的收入数据，如收入数据是年收入，则将其平均为每月收入。样本选择的是删除了缺失数据、所有正在工作的人口样本②。收入差距分别由基尼系数、Theil 指数（GE_1）表示。不同的指标对 Lorenz 曲线各部分的重要程度的定义各不相同，如基尼系数对中等收入水平的变化程度敏感，而 Theil 指数对两端收入水平的变化更加敏感，两者具有互补性。

本章将服务业分为几种典型来讨论：劳动密集型服务业、知识密集型服务

① 外来打工的流动人口，是构成当前我国城镇中劳动密集型服务业就业的中坚力量，因此从服务业角度分析城镇居民收入不均衡，必须包括流动人口。如果仅仅考虑城镇户籍人口，收入差距将会变小。

② 对流动人口，如果就业状态缺失，按是否从事有报酬工作筛选。

业和公共服务业。劳动密集型服务业（Labor - Intensive Services，缩写成 LIS）主要指生产过程中密集使用大量劳动力投入的服务业。本章范围的劳动密集型服务业包括批发和零售业、住宿和餐饮业、居民服务和其他服务业。这些劳动密集型行业同时具有消费者服务业的特征，不仅竞争程度大，而且行业报酬较低。知识密集型服务业（Knowledge - Intensive Services，缩写成 KIS）指的是密集使用现代科技以及高技术工人的服务业。制造业中一般用研发投入（R&D）强度来衡量该行业是否为知识密集型，对于 R&D 投入较少的服务业，主要是根据工人的构成和使用现代通信技术的频率来衡量。根据我国的行业分类情况，本章范围的知识密集型服务业包括信息传输、计算机服务和软件业，金融业，房地产业，科学研究和技术服务业[①]。这几个行业不仅是知识密集型，而且也具有生产者服务业的性质。本书定义的公共服务业（以下简称 PUB），即政府提供的公共管理服务、基础教育、公共卫生、医疗服务等，范围为教育、卫生、社会保障、社会福利、水利环境和公共设施管理、公共管理和社会组织。以上 3 种分类基本包括了服务业的绝大部分行业。

（二）服务业的描述性统计

根据计算本章得出了各行业的统计情况。从受教育年限来看（见表 2 - 1），最突出的结论是服务业总体从业人员的文化水平高于制造业。1995—2013 年，制造业从业人员受教育年限的中位数大概为 10—11 年，服务业大概为 11—12 年。而在服务业中，如我们所预期的，教育水平的异质性和行业的异质性密切相关，劳动密集型服务业的从业人员受教育年限最短（9—11 年），甚至低于制造业的中位数，公共服务业的从业人员在 2008 年前的平均受教育年限最长，在 2008 年之后，知识密集型服务业的从业人员是平均受教育年限最长的群体（14—15 年）。

从行业从业人员构成来看，服务业各行业的特征比“学历”这个指标显示得更加清楚（见表 2 - 2）。制造业的技术密集程度在每个年份都低于服务业，而劳动密集型服务业的专业技术工人占比又显著低于制造业和其他任何服务业。公共服务业和知识密集型服务业的技术密集程度最高。2013 年，技术

① 1995 年的数据行业统计分类较粗，因此当年的知识密集型服务业（KIS）中不包括信息传输、计算机服务和软件业。制造业也只能以工业替代。

密集程度最高的知识密集型服务业，其专业技术工人的比重是劳动密集型服务业的6—7倍，体现出服务业不均衡增长的特征。

表2－1　　各行业人员受教育年限的中位数　　（单位：年）

年份	制造业	服务业	LIS	KIS	PUB
1995	10	12	10	12	12
1999	10	12	11	12	13
2002	11	12	11	11	13
2007	10	11	9	12	13
2008	11	12	9	14	14
2013	11	12	9	15	14

表2－2　　各行业专业技术工人占比　　（单位:%）

年份	制造业	服务业	LIS	KIS	PUB
1995	16.3	27.2	10.7	29.7	36.4
1999	18.3	26.2	8.7	34.6	39.7
2002	15.6	21.7	7.1	22.3	36.9
2007	12.7	12.9	3.3	29.8	28.9
2008	12.6	12.9	3.9	27.7	29.1
2013	17.5	24.2	8.3	52.9	42.7

服务业从业人员的受教育水平和知识密集程度对于收入分配的意义尤其重要。服务业同时吸纳了教育水平低和高的人群，前者一般在劳动密集型行业就业，而后者在知识密集型行业就业。教育水平和知识密集度与收入之间通常存在高度相关性，这种模式可能会导致两极化的收入分配。表2－3计算了各行业的平均月收入，并验证了前面分析教育和知识密集程度的结论。作为知识密集程度最低的劳动密集型服务业，在制造业和服务业中收入最低。知识密集程度最高的知识密集型服务业，其收入的增加和知识密集程度的增加趋势是一致的。2007年是行业发展的分界点，在此之后，知识密集型服务业的收入高于公共服务业，并且在所有行业中收入最高。

公共服务业同样具备“知识密集”的特征，知识密集程度和从业人员的受教育程度在2007年之前明显高于知识密集型服务业。一方面，这可能是因为效率工资现象。在市场化改革之前，公共服务业以较高的收入和福利吸引了人力资本水平较高的劳动者，2007年以后，知识密集型服务业的收入超过了

表 2-3 各行业平均月收入 （单位：元）

年份	制造业	服务业	LIS	KIS	PUB
1995	517.02	582.61	507.44	608.55	616.17
1999	618.94	846.78	678.15	906.72	934.46
2002	781.59	967.39	742.18	1 066.75	1 078.07
2007	2 245.00	2 340.51	1 939.89	2 897.26	2 622.35
2008	2 167.31	2 421.65	1 975.54	3 730.17	2 953.63
2013	3 166.47	3 166.90	2 633.72	4 613.13	3 420.21

注：1995 年的行业分类中只有工业这一大类，因此制造业用工业代替。

公共服务业，且超过的幅度越来越大，因此从业人员的受教育水平在此之后也有所上升。另一方面，随着市场化程度加深和新技术的运用，知识密集型服务业的生产率被释放，收入相应迅速上升，而公共服务业中，不仅生产率增长较慢，工资也不完全按照效率分配。总体来看，服务业的知识密集程度略高于制造业，收入水平也略高于制造业。在服务业中，起初是公共服务业的知识密集和收入水平最高，后来知识密集型服务业取代了它的位置。劳动密集型服务业的知识密集和收入水平均为最低。

（三）基于回归的 Shapley 分解方法

近年来，基于回归方程的 Shapley 分解方法已经被较为广泛地运用，其本质是把一个回归方程和 Shapley 分解法结合起来，将因变量分解为回归方程解释变量的贡献率和残差的贡献率。该方法可以通过回归方程对各影响因素综合分解，识别其重要性，并按大小排序。Wan（2004）就利用了这个方法分析了收入决定方程中各变量对于收入差距的影响。这种方法能够处理常数项和残差对于被解释变量的贡献，适用于各种测量收入差距的指标。该方法包括两个步骤：第一，建立一个收入决定方程。第二，根据给定的收入决定方程进行 Shapley 分解，通过 Shapley 值来计算各变量对于收入差距的贡献。Shapley 值分解由 Shorrocks（2013）提出，是合作博弈的概念下引出的分解方法。其基本思路是，一个因变量 Y 是 N 个解释变量 X 共同作用的结果，剔除任一 X 都会对 Y 的变化产生一个边际效应，则 X 按任何顺序被剔除所产生的边际效应均值便是 X 对这一指标的贡献率。在给定 X 的分布的情况下，值越大，X 对 Y 的影响就越大；X 自身的分布越不平均，对 Y 的贡献也越大。假设有 3 个解释变量 X_1、

X_2、X_3，则 X_1 的 Shapley 值为：

$$S(X_1)=2/6[Y(X_1,\overline{X}_2,X_3)-Y(\overline{X}_1,\overline{X}_2,X_3)]+1/6[Y(X_1,\overline{X}_2,\overline{X}_3)-Y(\overline{X}_1,\overline{X}_2,\overline{X}_3)]+1/6[Y(X_1,X_2,\overline{X}_3)-Y(\overline{X}_1,\overline{X}_2,\overline{X}_3)]+2/6[Y(X_1,X_2,X_3)-Y(\overline{X}_1,X_2,X_3)]$$

第一步，建立半对数的收入决定方程：

$$\ln y_{it}=\beta' X_{it}+\varepsilon_{it} \tag{2-1}$$

其中，i 表示个人，t 表示年份，y 表示前文所定义的收入，X 是一组解释变量组成的向量，包括在各种文献中被广泛使用的人力资本、行业特征、职业、所有制、户口和地理位置的城市虚拟变量。各解释变量定义如下：

性别：虚拟变量，男 =1，女 =0；

年龄：年龄及年龄的平方；

教育：受教育年限；

职业：各种职业的虚拟变量；

所有制：各种所有制的虚拟变量；

户口：各种户口的虚拟变量；

行业：虚拟变量，分类为：第一产业、撇去制造业的其他第二产业部门、LIS、KIS 和 PUB 以及不包括前三者的其他服务业部门，制造业为参照组；

城市：各城市的虚拟变量。

第二步，将式（2－1）的半对数的收入方程还原：

$$y=\exp(\hat{\beta}X+\hat{\varepsilon}) \tag{2-2}$$

残差 $\hat{\varepsilon}$ 可以表示成方程中变量不能解释的收入的部分。在理想状态下，残差的影响为 0，即回归方程能够 100% 解释收入。也就是说，残差反映了模型中全部变量对于收入差距的解释程度（Wan，2005）。但是，一般情况下残差不会等于 0。残差对实际收入差距的影响即总收入差距和所有解释变量贡献之差。假设 $I(y)$ 为实际收入差距，$I(\hat{y})$ 是估计出的收入差距，则残差对收入差距的贡献为 $I(y)-I(\hat{y})$。由于基尼系数使用最为广泛，又具有相对指标的各种性质，后文以基尼系数为例做进一步的分析。表 2－4 表明本书的半对数收入模型（式（2－1））大约可以解释收入的 57.5%—74.1%，方程对收入的估计是比较可靠的。还可以发现，同样的模型的解释度逐年下降，说明随着时间的推移，影响收入差距的未知因素变得多且复杂。基尼系数具有齐次性，将 Shapley 值与模型对基尼系数的贡献率相乘，即为某一 X 对基尼系数的贡献度。

表 2-4 模型解释度

年份	1995	1999	2002	2007	2008	2013
原始基尼系数	0.305	0.317	0.352	0.382	0.376	0.373
预测基尼系数	0.226	0.215	0.224	0.231	0.216	0.244
模型贡献	74.10%	67.82%	63.64%	60.47%	57.45%	65.4%
残差贡献	25.90%	32.18%	36.36%	39.53%	42.55%	34.6%

三、服务业不均衡增长与城镇居民收入差距

（一）总体不均衡情况描述

首先计算基于4个指标的城镇居民不平等指数。2013年我国统计局首次公布了过去10年居民的基尼系数，大致范围约为0.47—0.49，超过0.4的警戒线。自2008年开始，全国的基尼系数到达最高点0.49，之后逐渐回落。由于我国并未完全城镇化，全国范围内的基尼系数通常大于城镇居民的基尼系数。但是，本书计算的城镇居民基尼系数变化趋势（见表2-5）和全国趋势是一致的。比之全国的不均衡和城乡的不均衡，城镇内部的不均衡还是要小得多，在0.3—0.4的范围，接近但未超过0.4的警戒线。

表 2-5 各年城镇居民收入不平等指数

年份	1995	1999	2002	2007	2008	2013
GE（1）	0.168	0.177	0.241	0.281	0.292	0.268
基尼	0.305	0.317	0.352	0.382	0.376	0.373

（二）收入方程的估计

表2-6报告了1995—2013年收入方程（1）的估计结果。性别、年龄、年龄的平方、教育年限、对城镇居民收入的影响，在1%的水平下具有显著性。男性相对于女性收入更高，从系数来看，这种差距与年龄、收入间存在二

次型关系。受教育时间越长，收入越高，这表明高水平人力资本回报较高的现象是存在的。碍于篇幅，本章没有列出户口、职业、所有制和城市虚拟变量的估计系数和标准差，只列出了重点关注行业的情况，但是回归结果中各项略去的解释变量的估计结果如一般直觉，例如，熟练技术工人和部门负责人比一般工人收入更高。职业的估计系数越变越大，说明职业对收入的回报率逐年增大；单位的所有制性质随着时间的变化对收入的影响也发生变化。外来务工人员的收入随着时间的推移和其他户口的居民收入差距越来越大。

表 2-6 收入方程的估计

年份	1995	1999	2002	2007	2008	2013
性别	0.113***	0.126***	0.184***	0.235***	0.220***	0.278***
	(0.009)	(0.014)	(0.010)	(0.014)	(0.011)	(0.014)
年龄	0.073***	0.095***	0.062***	0.048***	0.048***	0.093***
	(0.003)	(0.007)	(0.004)	(0.006)	(0.003)	(0.005)
年龄平方	-0.001***	-0.001***	-0.001***	-0.001***	-0.001***	-0.001***
	(0.000)	(0.000)	(0.000)	(0.000)	(0.000)	(0.000)
教育	0.017***	0.030***	0.032***	0.036***	0.024***	0.046***
	(0.002)	(0.003)	(0.002)	(0.005)	(0.002)	(0.003)
第一产业	0.036	0.124*	0.103**	0.051	0.133*	-0.029
	(0.033)	(0.070)	(0.048)	(0.060)	(0.080)	(0.067)
其他第二产业	0.036*	0.207***	0.132***	0.101***	0.161***	0.105***
	(0.021)	(0.024)	(0.021)	(0.029)	(0.024)	(0.030)
LIS	0.021	0.064**	-0.045**	-0.097***	-0.046**	-0.110***
	(0.014)	(0.027)	(0.018)	(0.024)	(0.019)	(0.027)
KIS	0.084***	0.303***	0.232***	0.202***	0.192***	0.097***
	(0.017)	(0.031)	(0.022)	(0.027)	(0.022)	(0.033)
PUB	0.095***	0.255***	0.182***	0.096***	0.107***	-0.065*
	(0.011)	(0.021)	(0.019)	(0.027)	(0.022)	(0.033)
其他第三产业	0.116***	0.205***	0.177***	0.044*	0.072***	-0.033
	(0.022)	(0.024)	(0.021)	(0.023)	(0.020)	(0.029)
户口	-	控制	控制	控制	控制	控制
职业	控制	控制	控制	控制	控制	控制
所有制	控制	控制	控制	控制	控制	控制
城市	控制	控制	控制	控制	控制	控制
Constant	4.127***	4.017***	5.250***	6.255***	7.024***	5.930***
	(0.221)	(0.257)	(0.113)	(0.226)	(0.076)	(0.129)
Observations	11 123	5, 450	13 162	6 650	10 572	10, 973
R-squared	0.473	0.396	0.362	0.364	0.359	0.339

注："*""**""***"分别表示在10%、5%、1%的水平上显著。

再来看行业对城镇居民收入的影响。结果显示，1995—2013 年，以制造业为参照组，控制了其他变量后，除了第一产业以外，其他类型的行业均与制造业存在显著的收入差距，表明行业工资结构差异较大。该结果和使用同样数据的文献是一致的（陈钊等，2010）。在服务业中，1995—2008 年，除劳动密集型以外的服务业工资，均显著高于制造业。到了 2013 年，制造业的相对工资有所提升，公共服务业和其他服务业的工资下降。分类来看，劳动密集型行业的估计系数在 1995 年、1999 年为正值，2002—2013 年均为显著的负值，说明从 2002 年开始，从事劳动密集型服务业已经不能像 1999 年以前那样，得到比制造业高的收入。2013 年，差距进一步增大，劳动密集型行业的工资比制造业低 11%，说明控制其他因素不变，从事除了劳动密集型服务业以外的其他行业，能够得到比制造业高的收入。比较工资较高的知识密集型服务业与公共服务业，知识密集型服务业的估计系数相对较大，说明在其他因素不变时，从事知识密集型服务业收入比公共服务业更高。也不难发现，随着时间的推移，知识密集型服务业的收入增长得更快。

（三）收入差距的分解

各解释变量对于收入的贡献具体有多少，需要进行收入差距的分解。由于 Shapley 值的计算需要多次反复迭代，如果涉及过多变量，则运算量几何级数增长，难以得到结果。本章重点在于服务业，所以只列出了主要行业解释变量的贡献，而不讨论所有制、职业、户籍、地区等这些在以前文献中已经被充分讨论过的变量（陈钊等，2010；陈纯槿、李实，2013）。

表 2-7 基于回归方程的 Shapley 值分解

变量	贡献	1995	1999	2002	2007	2008	2013
性别	贡献额	0.019	0.019	0.027	0.038	0.032	0.033
	贡献率	9.13%	8.50%	16.09%	24.41%	18.44%	16.07%
年龄	贡献额	0.138	0.062	0.073	0.016	0.024	0.041
	贡献率	65.91%	27.93%	43.50%	2.26%	13.50%	20.30%
教育	贡献额	0.036	0.074	0.061	0.060	0.065	0.082
	贡献率	17.15%	33.22%	36.00%	38.15%	36.85%	40.15%
第一产业	贡献额	0.000	0.000	0.000	0.000	0.001	0.018
	贡献率	0.13%	0.18%	0.09%	0.25%	0.46%	8.64%

续表

变量	贡献	1995	1999	2002	2007	2008	2013
其他第二产业	贡献额	0.000	0.008	0.001	0.003	0.004	0.003
	贡献率	0.05%	3.38%	0.69%	1.72%	2.32%	1.40%
LIS	贡献额	0.003	0.006	0.014	0.023	0.019	0.013
	贡献率	1.29%	2.63%	8.10%	14.66%	10.66%	6.60%
KIS	贡献额	0.002	0.012	0.011	0.015	0.012	0.009
	贡献率	1.01%	5.51%	6.73%	9.62%	6.92%	4.53%
PUB	贡献额	0.009	0.034	0.023	0.011	0.017	0.004
	贡献率	4.15%	15.19%	13.71%	7.15%	9.43%	1.96%
其他第三产业	贡献额	0.002	0.008	0.003	0.001	0.002	0.001
	贡献率	1.17%	3.46%	1.55%	0.60%	1.42%	0.35%
服务业	贡献额	0.064	0.060	0.051	0.050	0.050	0.027
	贡献率	7.62%	26.79%	30.09%	32.03%	28.43%	13.44%
总计	贡献额	0.209	0.223	0.168	0.156	0.176	0.203
	贡献率	100.00%	100.00%	100.00%	100.00%	100.00%	100.00%

表2-7报告了不同的变量随着时间变化对收入差距的贡献额和贡献率。逐一分变量来看，变化趋势有以下几个特征：一是教育对收入差距的贡献随着时间推移不断增加，在1995—2002年为第二位影响因素，在2007—2013年影响程度排至首位。其贡献率从1995年的17.15%迅速上升到1999年的33.22%，在后面年份中的贡献率始终在35%以上。教育贡献率的变化吻合了以往的研究（陈斌开等，2009；陈钊等，2010；陈纯槿、李实，2013），表明随着经济转型的加深，教育的回报率不断升高。二是和教育不同，年龄在1995年对收入差距的影响达到65.91%，在1999年“跳水”到27.93%，到2007年缩小到2.26%，是所有列出变量中变化最剧烈的一个。这个现象不难理解，20世纪90年代初期，收入分配尚未市场化，在传统体制和传统服务业下，年龄是工作经验和生产率的代表，是决定劳动者收入的关键因素。但自21世纪以来，随着服务业比重的提高，工作经验在新兴的以创新为特征的知识密集型服务业，如IT业、金融业，已经不具有太多优势，也不能代表劳动者的生产率。因此，工资决定机制逐渐市场化，其他更重要的因素对收入的贡献上升。三是在表示个人特征的变量中，性别虽然对于收入差距有一定的贡献，但不如教育和年龄两者突出。这一影响从1995年的9.13%上升到2007年

的24.41%，2013年又回落至16.07%，说明随着市场化的深入，性别工资差异问题开始显现。这和陈纯槿、李实的研究（2013）中得出的性别工资差异下降结论不同。他们的研究使用数据和本文不一样，也没有控制行业因素。女性在不同收入行业的分布差异较大，根据2014年的劳动统计年鉴的城镇单位数据，女性在第二产业的重体力高收入行业如建筑业中的就业率只有10.1%，但在服务业中的高、低收入行业中同时占据较大比例，如在餐饮业中就业率达到56.3%，在金融业达到50.6%。因存在行业工资差异，故有必要控制行业因素。李实（2014）使用1995—2007年的CHIP数据计算城镇职工的性别工资差距时，控制了包括行业在内的各项因素，该研究结论和本书吻合。

以上3个变量合并起来，可以解释收入差距的大部分，说明个人人力资本水平是决定收入的重要原因。从行业方面看，1995年，服务业对收入差距的贡献仅有7.62%，但自1999年起，服务业的贡献率跃升至26.79%，排在第二位，在1999—2013年平均贡献率26%左右，成为仅次于教育的第二大影响城市收入分配的因素，服务业成为第一大影响城市居民收入分配的行业。

作为第一大影响城市居民收入分配的行业，服务业中不同性质的部门对于收入不均衡的贡献是本书的主要关注点，为了更直观的表现，将几个行业的贡献变化排序整理为表3-4，从中可得出以下结论：一是公共服务业在2007年之前，一度是对收入贡献最大的行业，与第一、第二产业和其他服务业相差悬殊。从2007年开始，公共服务业与其他行业的收入差距有所缩小，劳动密集型服务业取而代之贡献了最多的收入差距。这表明在市场化程度加深后，生产率高的服务业收入逐渐上升，故公共服务业和一般行业的收入差距有所缩小，行业间的收入差距更多表现为低收入的劳动密集型服务业和其他行业的差距。二是劳动密集服务业对收入差距的贡献率开始只有1.29%，然而贡献率逐年上升，使该行业2007年、2008年就已经成为影响收入差距最大的行业。三是知识密集型服务业对收入差距的影响始终未超过10%，不如前两者来得突出。1995年，知识密集型服务业对于收入差距的贡献在服务业中最低，在1995—2013年间，平均贡献率在6%左右，依旧比不上公共服务业和劳动密集型服务业的贡献率。四是其他服务业，收入水平处于服务业全行业中间，和其他行业差距也不大，对于收入差距的影响微乎其微，最大时也只贡献了3.46%，这部分服务业能够起到平滑城镇居民收入差距的作用。

从上文分析可以看出，服务业不均衡发展引起的城市居民收入差距拉大的问题，在中国主要表现为低收入服务业与其他行业的工资差距日趋拉大。在表

2－8的回归结果中，同样可以发现这一结果。虽然从事知识密集型行业收入为所有行业最高，但随着时间的推移，2002年之后，劳动密集型服务业的工资相对于制造业低了4%—11%，和其他服务业，尤其知识密集型服务业差距更大。在劳动力市场低附加值行业工作的低收入人群的增多是目前我国城市居民收入差距扩大的主要影响因素。

表2－8　收入不平等贡献率排序

年份	1995	1999	2002	2007	2008	2013
1	年龄	教育	教育	教育	教育	教育
2	教育	年龄	年龄	性别	性别	年龄
3	性别	PUB	性别	LIS	年龄	性别
4	PUB	性别	PUB	KIS	LIS	第一产业
5	LIS	KIS	LIS	PUB	PUB	LIS
6	其他第三产业	其他第三产业	KIS	年龄	KIS	KIS
7	KIS	其他第二产业	其他第三产业	其他第二产业	其他第二产业	PUB
8	第一产业	LIS	其他第二产业	其他第三产业	其他第三产业	其他第二产业
9	其他第二产业	第一产业	第一产业	第一产业	第一产业	其他第三产业

四、服务业行业内部的不均衡

（一）服务业行业内部的不均衡描述

从城市发展的角度来说，城市的兴起伴随着服务业的发展。由于服务业是第一大影响城市收入分配的行业，服务业行业内部的不均衡结构，将对城镇居民的收入均衡程度产生重要影响。表2－9对1995—2013年的从事服务业的城镇居民按行业分组进行了计算。为了突出制造业和服务业的差别，该表也列出了制造业的不平等情况。在知识密集型行业中，本书继续关注金融保险与地产业（Finance，Insurance and Real Estate，以下简称FIRE行业）。FIRE行业是发达国家服务业和各大城市产业中的主要支柱。它不仅是知识密集型服务业、高端生产者服务业，而且能够分配金融资源，以比其他行业高得多的行业报酬，影响着收入分配，因此近年来有着很高的关注度。

表 2－9　各行业内部城镇居民收入差距描述（1995—2013 年）

1995 年	工业	服务业	LIS	FIRE	KIS	PUB
GE（1）	0. 165	0. 159	0. 195	0. 231	0. 189	0. 135
基尼	0. 305	0. 296	0. 331	0. 363	0. 328	0. 273
月收入（元）	517. 02	582. 61	507. 44	608. 55	619. 04	616. 17
1999 年	制造业	服务业	LIS	FIRE	KIS	PUB
GE（1）	0. 141	0. 179	0. 273	0. 125	0. 126	0. 140
基尼	0. 289	0. 315	0. 369	0. 275	0. 276	0. 276
月收入（元）	618. 94	846. 78	678. 15	906. 72	931. 59	934. 46
2002 年	制造业	服务业	LIS	FIRE	KIS	PUB
GE（1）	0. 183	0. 241	0. 281	0. 192	0. 281	0. 157
基尼	0. 317	0. 351	0. 383	0. 332	0. 364	0. 288
月收入（元）	781. 59	967. 39	742. 18	1 066. 75	1 179. 10	1 078. 07
2007 年	制造业	服务业	LIS	FIRE	KIS	PUB
GE（1）	0. 293	0. 281	0. 399	0. 223	0. 265	0. 176
基尼	0. 384	0. 382	0. 417	0. 354	0. 368	0. 326
月收入（元）	2 245. 00	2 340. 51	1 939. 89	2 897. 26	2 997. 12	2 622. 35
2008 年	制造业	服务业	LIS	FIRE	KIS	PUB
GE（1）	0. 232	0. 314	0. 339	0. 472	0. 362	0. 200
基尼	0. 336	0. 389	0. 379	0. 441	0. 407	0. 340
月收入（元）	2 167. 31	2 421. 65	1 975. 54	3 730. 17	3 153. 99	2 953. 63
样本数（个）	1 944	7 203	3 532	367	1 036	1 335
2013 年	制造业	服务业	LIS	FIRE	KIS	PUB
GE（1）	0. 253	0. 253	0. 276	0. 339	0. 293	0. 173
基尼	0. 347	0. 372	0. 386	0. 397	0. 385	0. 318
月收入（元）	3 167. 47	3 166. 93	2 633. 47	4 808. 62	4 613. 13	3 420. 21

注：1995 年的行业分类中只有工业这一大类，因此制造业用工业代替。

表中各行业的收入均有较快增长，但是增长幅度在行业间不均衡，同样具有异质性。与 1995 年相比，2013 年服务业行业收入增加到之前的 5. 4 倍左右，收入增幅较慢的劳动密集型服务业收入增加到之前的 5. 2 倍左右，收入增幅最快的金融保险地产业增加到之前的 7. 9 倍左右，知识密集型服务业增加到之前的 7. 5 倍左右，公共服务业收入增加到之前的 5. 5 倍左右。不仅收入增幅各有差异，而且行业间的差距随着时间推移越拉越大，1995 年，各行业的收入差距小，均在500—600元/月，到2013年，异质性就已经很明显了。如劳动密集型服务业的平均收入在1995年是知识密集型服务业和金融保险地产业的82%—83%，到了2013年，变成只有知识密集型行业的57%左右、金融保险地产业的55%左右。这种收入增长幅度的异质性根源于服务业的自身性质。劳动密集型服务业本身“生产率滞后”，劳动密集型服务业使用的技术是停滞的，它无法像知识密集型服务业一样在短时间内大幅提升生产率，故也无法在短时间内提高收入。从市场环境来看，劳动密集型服务业市场竞争程度较强，工资上升也会受到限制。

同时，各行业内部的收入不均衡现象随着时间而增加。以2002年为界，制造业、服务业内部的收入不均衡现象均大幅增强。1995年，服务业整体收入不均衡程度低于工业，自1999年起，服务业的基尼系数和GE（1）指数超过了制造业。2002年后，制造业和服务业的收入不均衡现象呈现较快的增长趋势。除了2007年的小幅回落，之后几年，不管用哪个指标，服务业内部的收入差距均大于制造业。

服务业不仅行业间存在异质性，在各部门内部也有相当的收入差距。不仅收入较高的行业存在较大的收入差距，平均收入最低的行业，也有较大的行业内部差距。例如，作为城市居民不平等的主要行业来源劳动密集型服务业，其内部收入并不像一般所想那样平均，它在2008年之前是内部收入差距最大的行业，不均衡程度甚至高于知识密集型服务业和金融保险地产业；在2008年之后，金融保险地产行业的收入差距最大，表明这些行业近年有较大发展。只有公共服务业由于其特殊的工资决定方式，基尼系数的变化相对稳定，是所有年份、所有行业中收入差距最小的行业。图2－4给出了服务业内部平均月收入的核密度分布。从图中可以直观地看出，1995年的各行业收入分布比较集中，左偏明显，在随后的几年逐渐分散，峰值密度下降，核密度分布逐年右移。分行业来看，劳动密集型服务业的峰值密度比其他类型的服务业高，分布更集中，整个曲线更左偏，显示出较低的收入和较高的不平等程度。

根据上述结果推测，未来服务业的发展，会使城市居民平均收入水平相应提高，从而消除一部分人的收入差距，这是服务业发展的收入效应；如果收入增涨较慢的劳动密集型服务业，与收入增涨较快的知识密集型服务业同时发展，不仅两种行业间的收入差异会引起收入差距的扩大，而且两种行业内部较大的不平等也同样会使城市居民收入不平等程度加深。这是服务业发展的多样化效应。

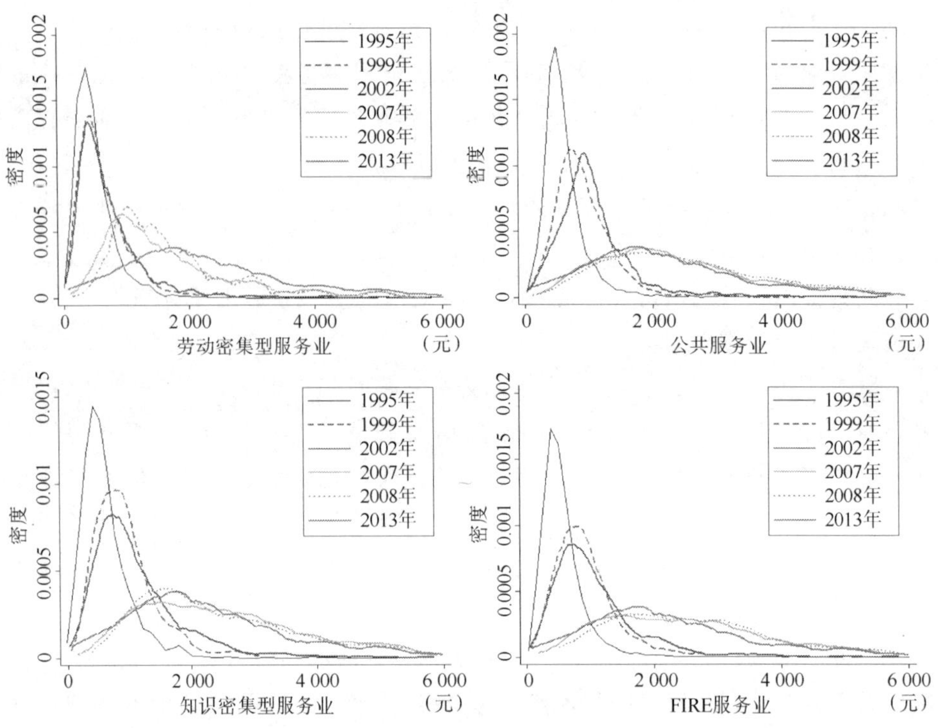

图 2-4 各行业平均月收入核密度分布

(二) 服务业内部收入差距的分解

将样本缩小为仅从事服务业的居民样本，把参照组设为收入位于服务业中间的交运仓邮业、租赁和商务服务业，本章接下来分解服务业内部的收入差距（限于篇幅，略去收入方程估计，仅保留分解基尼系数的结果）。该方程对收入差距的解释度比总样本更高，为 58%—78%（见表 2-10）。

表 2-10 模型解释度

年份	1995	1999	2002	2007	2008	2013
原始基尼系数	0.296	0.315	0.351	0.382	0.389	0.372
预测基尼系数	0.231	0.223	0.246	0.232	0.226	0.250
模型贡献（%）	78.04	70.79	70.09	60.73	58.10	67.20
残差贡献（%）	21.96	29.21	29.91	39.27	41.90	32.80

表2－11是将服务业内部收入差距分部门分解的结果①。1995—2013年，对服务业内部收入差距贡献最大的一直是劳动密集型服务业。公共服务业、金融保险地产业等知识密集型服务业对服务业内部收入差距有一些贡献，但数值并不突出，而且始终不及劳动密集型服务业平均17%左右的贡献率。因此，联系前面的分析可知，在服务业内收入不均衡的成因中，最重要的依旧是劳动密集型服务业与其他行业的较大的收入差距，即收入过低的低收入服务业人群，是目前中国服务业内部二元结构的主体。

表2－11　　服务业分部门分解结果

年份	1995	1999	2002	2007	2008	2013
LIS	0.015	0.045	0.051	0.035	0.041	0.021
FIRE	0.001	0.003	0.004	0.009	0.010	0.008
其他 KIS		0.002	0.009	0.010	0.004	0.005
PUB	0.008	0.013	0.019	0.013	0.017	0.006
	1995	1999	2002	2007	2008	2013
LIS	6.40%	19.34%	24.38%	20.66%	22.71%	10.84%
FIRE	0.45%	1.17%	1.79%	5.25%	5.26%	4.40%
其他 KIS	—	0.97%	4.13%	6.05%	2.24%	2.50%
KIS 合计	—	2.14%	5.92%	11.30%	7.50%	6.90%
PUB	3.46%	5.73%	9.11%	7.44%	8.78%	2.88%

五、本章小结

本章运用基于回归方程的夏普里值分解方法，分析了1995—2013年中国服务业内部二元结构对城市居民收入不平等的贡献和变化：首先，在一个包括人力资本、社会背景以及服务业的行业框架下，对于城镇居民收入不平等的来源进行分解；接着通过数据探讨了服务业内部的收入差距。从分解结果中，获得了一些有意义的发现：

首先，服务业中不均衡的收入结构对于城市收入差距的影响日趋明显。

① 1995年的行业分类过少，回归时存在严重的共线性，故剔除了“其他 KIS”这一变量。

1995年时，服务业对收入差距的贡献不大。1999年后，服务业仅次于教育，成为第二大影响城市收入分配的因素，第一大影响城市收入分配的行业。具体分行业看，1995—2013年间，相较于制造业，从事知识密集型服务业，公共服务业，电力、燃气及水的生产和供应业，建筑业等第二产业，能够显著提高个人收入。劳动密集型服务业的收入则与市场改革相关。2002年前，劳动密集型服务业与制造业的收入没有明显差异；2002年后，劳动密集型服务业的相对收入显著下降。随着时间的推进，劳动密集型行业与其他行业的差距越来越大。

其次，服务业不均衡增长对收入差距的影响，在我国主要表现为低收入的劳动密集型服务业与其他行业收入差距的拉大。随着市场化程度的提高，劳动密集型服务业替代了以前对收入差距贡献最大的公共服务业，成为影响我国城镇居民收入的主要行业因素。知识密集型服务业及金融保险地产业，在本书研究的时间区间和数据中，也许是因为发展不足，它们的影响程度始终不及劳动密集型服务业。因此，我国城市居民收入分布曲线不像发达国家那样存在双峰，而是表现为左端凸起明显的单峰。

换句话说，造成我国收入差距的首要因素，不是高者太高，而是低者太低。这个结果告诉我们，缩小收入差距的政策，重点放在收入分布曲线左端的低收入行业人群上的会比较有效。在低收入群体中，需要逐渐消除歧视性政策，如对性别、户籍的歧视。考虑到教育水平在收入决定中属于第一位的影响因素，长远来看，增加教育资源供给、提高教育质量、对低收入人群进行技能培训，也能够切实有效地改善他们的收入状况。这并不是说高收入行业就无需治理，而是治理的重点应当在减少垄断上。在收入分布曲线左端收入水平没有提高的情况下，随着金融、信息等高端服务业在未来的发展，现有收入不均衡问题可能会更加严峻。

第三章 服务业收入差距的来源：垄断还是创新

一、引言

服务业已经成为三次产业中就业的主要行业，其行业收入差距是构成我国居民收入差距的重要组成部分。截至 2014 年，服务业就业占比达到 40% 以上，在城镇中达到 50% 以上。从绝对数来看，服务业的工资差距已能对居民尤其是城镇居民初次分配的格局产生重大影响。

从行业性质来看，服务业的自然属性使行业间的工资天然形成了二元结构。有些服务业部门是 Baumol 说的技术停滞的行业，如餐饮、批发、零售等传统服务业，劳动密集度高，技术创新频率低，较少应用新技术，人力资本水平低，生产率低且增长慢；有些是技术进步的，如铁路、航空、电信、金融等行业，资本、技术密集度高，技术创新活动频繁，应用新技术普遍，人力资本水平高，生产率高且增长快。服务业各行业创新程度的差异产生了生产率的差异，行业生产率的差异是产生二元结构工资差距的根源之一。随着 IT 技术的传播，两种特质的行业工资差距将越来越大。

作为对制度敏感的行业，服务业在中国的高度垄断与竞争并存的模式同样有利于二元结构的工资差距形成。我国学者在研究收入差距时，热议的制度性原因如行政垄断的影响（陈爱贞和刘志彪，2007；傅娟，2008；岳希明等，2010；武鹏，2011），就是这类二元结构的成因，它们在服务业中更为典型和突出。例如，服务业中高度行政垄断的行业如铁路、航空、电信、金融等，具备了自然垄断和行政性垄断的属性，近年来又借助各种保护政策，进入壁垒不断提高。行业收入也因为垄断租金进一步提升。同时，服务业中高度市场竞争的行业如住宿、餐饮、批发、零售等，工资收入不高，进入壁垒也相对较低，因为竞争和市场化压低了利润，行业平均收入继续在低水平徘徊。

垄断和技术创新两者不仅仅是服务业二元结构工资的成因，也是居民收入差距的成因。服务业的垄断，不是单纯的行政性垄断，还包括自然垄断和经济性垄断。服务产品本身具有的差异，加剧了在位企业的垄断能力。服务业的创新，也不是单纯的技术创新。与制造业相比，服务业技术创新比例较低，非技术创新比例较高，创新类型较复杂，难以标准化，各部门在创新程度和方式上都有很强的异质性（刘丹鹭，2013）。

考虑到服务业的这些特殊性，本章从企业层面入手研究服务业的工资差异，利用上市公司的数据，从这两个角度剖析服务企业的工资分配机制。本书试图探讨：在服务企业中，行政性垄断和技术创新哪个对工资差距的影响更大，在不同所有制企业中、在技术进步和技术停滞的企业中又如何，在几种进入壁垒形成的垄断中，哪种对工资的影响最大。对于这些问题的回答，其政策意义很直接：企业作为初次分配的主体，是收入差距的来源。如果技术创新是导致工资差异的主因，那么作为企业实现经济性垄断、增加竞争力的手段，这种差距暂时无须治理；如果行政性垄断是导致差异的主因，那么进行反垄断和促进竞争及市场化的改革就是当务之急。

二、相关理论分析

（一）服务业创新与收入

服务业创新并不是严格的技术创新，它和一般意义上的创新的差异，本质在服务和商品的差异上。服务是无形的，因而服务创新的过程也可能是无形的，并不形成有形的产品、技术或活动；服务是与生产和消费同时发生的，因而服务创新是非标准化的，经常具有不可复制性，如针对特殊顾客特殊问题的“专门化创新”；投入产出的一体性还使服务业创新的发生和过程难以区别，故服务业中经常没有专门的研发部门，也很难发现专门的研发活动；服务的形式多种多样，因而各行业在创新程度和创新方式上差异较大，既有较依赖技术创新的部门，也有依赖服务创新的部门，但随着制造业和服务业的融合，具有技术创新特征的服务部门越来越普遍。服务业创新的异质性反映在收入上，主要表现为技术创新型部门和非技术创新型部门的工资差距。

服务业技术创新部门收入水平高，一是因为提升效应，即分享研发和技术进步产生的经济租（Rent Sharing）。在引进新设备和引入创新的企业中，由于效率提高程度高，能够分享到创新带来的经济租，企业的工资也会更高（Dunne & Schmitz，1995）。二是因为吸引效应，即高生产率的技术创新型部门需要高工资的维持。技术—技能互补假说（Technology - skill Complementarity Hypothesis）认为，企业基于研发投资或引进新技术的目的，为了吸引和留住高技能的劳动力，平均工资相应会得到提升（Bartel & Lichtenberg，1991）。劳动经济学中的效率工资理论和补偿性工资差异理论可以解释这两个变量同步变化的现象。效率工资理论认为，付给员工高于市场出清水平的工资，可以激励员工努力工作，提升企业的绩效；补偿性工资差异理论是说，由于工作条件环境的不利特性而对员工支付工资补偿。不管是哪种解释，最终都是在说技术或创新与收入的相关性，即研发投入越多、创新能力越强的企业，越有可能付出更高的工资。

基于以上两种原因，加上技术创新是有形的、可以量化的，服务业中的技术创新往往和企业工资水平直接相关。服务业中的非技术创新则往往很难发现和工资水平具有相关性。这主要是因为：首先，服务的非技术创新，既是无形的，也是非标准化、难于统计的；其次，非技术创新对于企业效率的提升比较间接，并且可能存在时滞，非技术创新是无形的，多为渐近式的变化，通过影响某个变量间接起到提高企业绩效的作用，长期来看，并不能肯定是否是非技术创新起了作用；最后，低技术创新部门一般为低技术密集型部门，对高技能劳动力需求不大，人力资本水平要求不高，故第二个吸引效应也不存在。因此，服务业间按照创新形式的不同，工资水平已经产生了分化。

服务业技术创新型部门和非技术创新型部门的工资差距，宏观上看也是“技能偏向型的技术进步”（Skills - based Technological Change，SBTC）理论的一种。它主要关注的是以 IT 技术引发的对劳动力需求的结构性改变，如高技能劳动的需求增长带来的两极化影响。该理论包含了技术进步对行业工资的影响：它使劳动力分化为高技能和低技能，在高技术密集度的行业中，工人受教育程度高，使用 IT 技术频率高，工资增长也较快（Acemoglu，2002；Chennells & Van Reenen，2002）。

（二）服务业行业垄断与收入

在三次产业中，行业垄断在服务业领域表现得最为明显。这一领域不仅覆盖行业多，而且包括了所有的垄断形式。垄断产生的原因是进入壁垒。规模经济、对资源的垄断、政府对进入的限制、产品差异的程度、在位厂商的策略性行为都能构造出进入壁垒。从进入壁垒的范围来看，不同行业均有不同形式的进入壁垒，而同一行业往往被多个机构所管制，具有很高的行政性进入壁垒。例如，航空、公路、水路等交通行业，以许可执照的方式进行管制，管制部门包括民航总局和交通部；金融、保险等行业，以经营垄断、审批和许可执照的方式进行管制，管制部门包括人民银行和证监、银保监等部门；广播电视、公用事业以及医疗等行业，也需要许可执照和审批，管制部门不仅包括相关行业机构，还包括中央到地方的多级部门。从垄断的形式来看，行政性垄断，即通过政府对市场进入的限制形成的种种壁垒，以及运用行政权力限制其他企业竞争的行为，是我国服务业垄断的主要表现形式。除此之外，经济性垄断和自然垄断（规模经济）这两种形式同样存在。我国服务业中，具有自然垄断性质的行业基本都是行政性垄断的行业，如铁路、航空、电信、公用事业等。服务具有“异质性”特征，较大的产品差异性构成了进入壁垒，使在位企业对市场有一定控制优势，即使在竞争程度高的服务行业，由于存在产品差异，市场竞争产生的经济性垄断也成为常态。多种形式的垄断叠加起来，自然使服务业领域的垄断现象更突出，影响更深远。

从福利角度看，垄断造成的社会总成本，包括社会总剩余因垄断产生的无谓损失哈伯格三角形（代表着资源分配无效率），以及消费者剩余向生产者剩余转移的图洛克四边形，代表着消费者向少数垄断企业转移的超额利润。收入分配不均衡，正是这些福利损失的具体体现：从收入分配角度看，行业垄断使社会收入分配不公，贫富差距加大。因为垄断高价而实现的消费者向垄断方的收入转移，一方面增加了垄断行业从业人员收入，另一方面加重了普通消费者支出负担，降低了消费者实际收入，从而加剧了收入分配不均。在几种垄断形式造成的损失中，行政性垄断是最大的一种。与经济性垄断不同，行政性垄断并不来源于适者生存的市场竞争，而是法律法规在竞争前事先规定的结果。市场实力通过政府干预而不是通过创新被人为维持下来。垄断利润会激励企业动用原先的生产资源进行寻租，而非通过竞争来提高效率，造成更大的福利损失和收入转移。因此，与发达国家学者多研究经济性垄断不同，中国学者主要集中在行政性垄断上进行研究。

具体看，垄断对于收入分配的影响，其理论基础主要是垄断部门的超额利润分享。一类研究主要是从全局上反映垄断对于收入分配的影响，也即垄断导致的福利损失（陈爱贞和刘志彪，2007；张原，2011）。另一类研究是从个人层面的数据出发在收入方程的基础上运用分解法分析垄断对收入差距的贡献影响，研究我国行业垄断与收入差距的文献大部分属于此类（傅娟，2008；任重和周云波，2009；岳希明等，2010；武鹏，2011）。与这些研究相比，本书的理论分析视角属于行业和企业视角。也就是说，服务业中高度垄断的部门，通过超额利润分享获得了很高的行业收入，与服务业中另一部分高度市场竞争压低利润的部门，如住宿、餐饮、批发、零售等，形成了两极化的工资水平。

三、数据、模型与估计方法

（一）数据

本章的研究对象是服务业企业的工资结构，故使用中国 A 股上市公司中的服务业企业样本，数据来自国泰安数据库。2007 年，我国上市公司实施了“新会计准则”[①]，改用新报表，增加了如“研发支出”等关键指标，考虑到数据的一致性和关键指标的可获得性，本章选取 2007—2014 年的数据，构建了一个短的非平衡面板数据集。删去的样本有：（1）异常值，如工资、收入为负的样本。（2）本书用所有制代表服务业行政性垄断的情况。企业的所有制在不同时间内可能变动，为了避免所有制变化产生的干扰，剔除所有制发生变化的样本。

（二）模型

解释企业层面的工资决定主要是根据讨价还价理论。在讨价还价模型的理

① 2006 年 2 月 15 日，财政部正式颁布了新《企业会计准则》和审计准则体系，并要求上市公司从 2007 年 1 月 1 日起执行。

论设定中，企业的工资由外部因素如外部工资（w^0）、失业率等，内部因素如企业的个体特征（X）、工会议价能力大小（s）等决定。讨论企业技术、支付能力和工资关系的文献，如 Blanchflower、Oswald 和 Sanfey（1996）、Van Reenen（1996）等的研究，其模型可以总结为：

$$w = w(w^0, s, X)$$

本章使用的是上述模型的简化型，主要关注的是创新和垄断程度的影响，方程写为：

$$w_{it} = \beta_0 + X'\beta_1 + \sum_{k=0}^{1} \alpha_k rdi_{it-k} + \alpha_2 soe_i + \beta_2 adi_{it} + \beta_3 hhi_{it} + u_i + d_t + e_{it} \quad (1)$$

其中，w_{it}为对数化的企业人均工资，X是一系列表示企业内部特征的向量，rdi_{it}是表示企业技术创新程度的变量，用 R&D 强度表示。由于创新是一个连贯的动态过程，在估计它的影响时经常要考虑滞后期数的影响（Van Reenen，1996），式（1）即包括了其一期的滞后。soe_{it}是表示企业控股情况的虚拟变量，adi_{it}和hhi_{it}是表示企业外部市场条件的变量，u_i控制了企业的地区、行业等固定效应，d_t控制了时间效应（当年宏观经济的波动），e_{it}是随机扰动项，表示企业内部特征的变量是企业规模、资本密集度、人均利润、劳动生产率、年龄这几项指标。

在检验技术创新与工资的关系时，代表技术的变量通常有电脑的普及程度、R&D 强度、企业年龄等。电脑的普及程度能直接代表 IT 技术的应用，是应用较多的变量，但这一指标难以获取，也有相当一部分研究使用 R&D 强度（即研发投入占销售额或收入的比重）指标。在检验创新与其他变量的关系时，代表创新的变量是创新投入和产出的指标，其中投入指标一般使用 R&D 强度代表，而产出使用新专利、新工艺、新产品销售额代表。根据数据的情况，衡量创新与收入，既有仅使用投入指标的（Mishra & Smyth，2014），也有同时使用投入和产出指标的（Van Reenen，1996；Pianta & Tancioni，2008）。本章强调的是技术创新的影响，故使用制造业框架内的创新指标 R&D 强度作为衡量服务企业创新性和技术密集度的代理变量①。

在行业垄断的量化方面，目前国内文献有两种研究方法。一是直接划分垄

① 如前文所述，由于服务业创新的特殊性，采用制造业框架衡量的研发活动较少，对于与客户关系紧密的服务业来说，生产销售的同时性使投入产出同时发生，故很难分辨到底哪些经费是研发经费。因此，即使采用 R&D 强度指标，服务业的技术创新也可能被低估，但在现有数据内这是一个相对较好的方法。

断行业，或是根据主观定义，或是根据某些指标，确定垄断行业，随后分组计算垄断行业相对于其他行业的收入水平。如任重和周云波（2009）主观上划分了垄断行业，刘渝琳和梅斌（2012）使用销售毛利率均值和离散程度作为判断标准，武鹏（2011）从成本和行政许可证方面划分。岳希明等（2010）在界定垄断行业时考虑了行业中企业的个数、是否有进入和退出的限制以及产品或服务价格是否存在管制等因素，然后将垄断行业当成一个虚拟变量。聂海峰、岳希明（2016）也采用了这种方法。二是计算行政进入壁垒。刻画行政垄断行业最贴切的指标是行政进入壁垒。刘小玄（2003）认为，国有经济比重能在一定程度上反映出各行各业的行政进入壁垒的强弱差异。与之相似，白重恩等（2006）指出可以采用各省国有工业企业的比重来衡量工业企业中的行政性垄断程度。陈林、朱卫平（2011）选取“国有总资产在行业中的比重”和“国家资本在行业中的比重”作为国有经济比重的代理变量。总的来说，行政垄断的代理变量一般是行业国有就业、资产、投资等比重。以上研究界定垄断，大多未细分行政垄断和经济垄断，或者只强调行政垄断。为了更好地反映我国服务业中各种垄断并存的影响，本书使用的指标包含了反映行政垄断、经济垄断和自然垄断三种垄断的指标。建立企业控股情况的虚拟变量 soe_{it}，代表行政性垄断，建立行业市场进入壁垒的相关指标市场集中度、产品差异化和资本密集度等，代表经济性垄断和自然垄断。

市场集中度用行业的赫芬达尔指数 hhi_{it}表示，它是指一个行业中各市场竞争主体占行业总收入百分比的平方和。我们以中国证监会行业门类为标准，按照营业收入计算各行业的赫芬达尔指数。它和被解释变量人均工资之间可能不是简单的线性关系，故在方程中加入了其平方项。表示产品差异化造成的进入壁垒的指标是 adi_{it}。产品差异化是厂商所生产产品之间替代程度的不完全性。Shepherd（1972）首先使用了广告强度来表示企业产品差别化优势造成的进入壁垒。在具有垄断竞争特质的服务业中，产品差别越大的企业，市场势力就越大，竞争者进入市场所需要投放的广告就越多，因此产品差异程度与广告强度是正相关关系。制造业的产品可能是同质的，服务却是千差万别的，故与其他研究不同的是，本书研究强调了服务企业的产品差异化程度。Shepherd 使用的第二个表示进入壁垒的变量是公司的资产价值，用来表示企业进入市场的资本要求。生产过程的资本密集度越高，资本要求越高，企业进入市场越困难。本章使用资本密集度来控制资本要求的壁垒，这个变量同时也控制了该行业自然垄断（规模经济）的程度。

各指标如表 3 - 1 所示。

表 3 - 1　　各指标定义

变量名称	定义
w	人均工资 = ln（支付给职工以及为职工支付的现金/职工人数）
size	规模 = ln（职工人数）
lnk	资本密集度 = ln（当年固定资产净值/职工人数）
lp	劳动生产率 = ln（企业增加值/职工人数）①
age	年龄，由成立时间计算
lnpf	人均利润 = ln（净利润/职工人数）
rdi	R&D 投入强度 = 当年研发支出合计/营业收入
adi	广告强度 = 销售费用/营业收入
hhi	行业的赫芬达尔指数
hhisq	行业的赫芬达尔指数的平方
soe	控股情况。虚拟变量，如企业为国有或集体控股，取值为 1，否则为 0

（三）估计方法

本章使用的数据集是大 N 小 T 的短面板数据，一般采用固定效应或随机效应模型估计。然而，在面板数据的固定效应模型中，不随时间变动的关键变量已经从差分或减去时间均值的变换中去除，故不能估计这种不随时间变化的变量的系数。这和本章的目标矛盾，因为先前为了排除所有制变动的干扰，已经剔除了发生变化的样本，剩下的企业控股情况变量 soe_i 是不随时间变动的，故不能使用固定效应模型来估计它的系数。如使用随机效应模型，需要假定全部解释变量与个体效应 u_i 不相关，这也不符合模型的实际情况。本章的模型中，某些解释变量与 u_i 不相关，某些与 u_i 相关。例如，企业的技术水平、利润等随时间变化的变量，可能与未被识别的企业个体效应共线，然而又需要估计不随时间变化的量 SOE_i 的系数。对于这样的情况，Hausman 和 Taylor（1981）设计了一种方法，使用工具变量进行 2SLS 估计，得到对不随时间变化的变量

① 本书服务企业增加值由收入法计算得出，即收入意义上的产出由四个部分构成：劳动者报酬、生产税净额、固定资产折旧和营业盈余之和。因此，增加值等于支付给职工以及"为职工支付的现金 + 固定资产折旧 + 营业利润 + 支付"的各种税费。

系数的一致估计。

式（1）还可能存在的问题是技术的内生性。技术的内生性源于两点，一是劳动者工资的提高可能促使企业使用资本替代劳动，增加了对技术的需求；二是企业有未被观测到的特征，同时与高工资和高技术水平相关（Chennells & Van Reenen，1997）。在假定球型扰动项的情况下，2SLS 估计是最有效率的。本书使用的是公司数据，扰动项存在异方差的可能性较大，此时需要考虑一种更有效的 GMM 估计，这意味着要给技术寻找工具变量。寻找当期技术存量或创新的工具变量一直是实证的难点。文献中经常被使用的工具变量有，R&D 相关变量的滞后项（如专利发明数）、政府资助的研发经费、电脑设备的使用频率、主观变量如企业的技术水平等。由于创新在一段时间内具有持续性，变化较小，R&D 强度的滞后变量或变化作为当期 R&D 强度的工具变量，可能会和当期的扰动项相关。对于服务类的企业来说，个体企业的 R&D 强度与本行业的行业特征相关，如高技术密集型的 IT 业研发强度普遍较高，低技术密集型的餐饮业研发强度普遍较低。行业创新水平基本是稳定的，虽与整体行业收入有关系，但与具体的个体企业关系不大，因为企业工资水平受到多种因素影响。因此，我们除了使用滞后一期的 R&D 强度，根据情况，还使用 CSRC 单个行业的全部上市公司的研发强度均值作为工具变量。

其他变量也可能有内生性，如企业的人均利润等表示企业特征的变量，但它们不是本章关注重点，因此暂且不处理这些变量的内生性和共线性等问题。

（四）描述性统计

表 3－2 按照所有制和进行 R&D 活动来区分，给出了样本企业各项指标的均值。按照所有制分类时，和虚拟变量取值类似，即当企业为国有或集体控股时，统称为国有企业，反之称为非国有企业。在本章的样本中，集体控股企业仅占 0.2%，外资控股的企业占 1.4%，故仅按二分法对样本做区分。

表 3－2　　描述性统计

	非国有	国有	无 R&D 支出	有 R&D 支出
人均工资（元/人）	121 096.40	177 306.8	152 839.30	109 160.10
人均净利润（元/人）	370 362.28	284 832.97	370 958.17	105 940.64
人均固定资产（元/人）	495 721.11	1 071 843.00	773 219.71	210 655.62
年龄（岁）	13.95	14.82	15.10	11.75

续表

	非国有	国有	无 R&D 支出	有 R&D 支出
员工人数（人）	2 111.21	4 074.85	3 827.07	2 902.88
劳动生产率（元/人）	501 834.76	845 441.24	764 191.38	308 688.44
研发强度	0.01	0.00	—	—
国企占比	—	—	45.63%	45.22%
广告强度	0.10	0.05	0.07	0.09

表 3-2 说明，从人均工资来看，国有企业的工资水平显著高于非国有企业，人均利润却显著低于非国有企业，说明国有企业的租金分享程度高于非国有企业。从固定资产、企业成立时间和员工数量来看，国有企业的资本密集度高、成立时间长、企业规模大。从劳动生产率来看，国有企业的劳动生产率水平高于非国有企业，说明大部分国有企业可能在资本密集型的服务行业，这类行业的生产率较高。从创新活动投入来看，国有企业的 R&D 投入显著低于非国有企业，除了说明非国有企业创新动机更强以外，还表明非国有企业主要分布于有着较高 R&D 投入的技术密集型行业。从广告强度来看，国有企业的广告强度大约是非国有企业的一半，表明大部分国有企业所在行业市场的需求具有对广告并不敏感的特性。按照是否有 R&D 投入分类时，可以发现一些描述性的指标并不符合一般文献的结论。在没有 R&D 投入的样本中，人均工资和净利润更高，而劳动生产率方面，没有 R&D 投入的企业，劳动生产率是有 R&D 投入的企业的一倍还多。在所有制方面，有 R&D 投入的国有企业占比甚至略微高于非国有企业。只有少数几个指标是符合直觉的，即从事 R&D 活动的企业成立时间短、规模偏小、产品需求对于广告比较敏感。这些数据足以表明，虽然在粗略的统计中没有考虑到行业等因素，但是在服务业企业中，技术创新对收入水平的提高可能被更强大的其他力量压制了。

表 3-3　分行业的描述性统计

	国有	有 R&D	人均工资（元/人）	劳动生产率（元/人）
批发和零售业	65.32%	4.05%	134 656	593 666
交通运输、仓储和邮政业	46.78%	22.68%	111 525	261 652
住宿和餐饮业	58.53%	4.22%	121 124	441 727
信息传输、软件和信息技术服务业	19.90%	30.75%	112 285	250 177
金融业	51.49%	3.45%	284 384	2 126 491
房地产业	53.95%	1.64%	157 398	927 860

续表

	国有	有 R&D	人均工资（元/人）	劳动生产率（元/人）
租赁和商务服务业	61.18%	8.55%	118 115	326 215
科学研究和技术服务业	46.58%	7.89%	216 938	816 856
水利、环境和公共设施管理业	44.44%	7.41%	98 500	711 156
居民服务、修理和其他服务业	—	—	—	—
教育	0.00%	16.67%	126 170	172 908
卫生和社会工作	62.34%	3.90%	96 212	199 693
文化、体育和娱乐业	60.87%	14.49%	106 282	532 670

注：样本中没有居民服务、修理和其他服务业的样本。

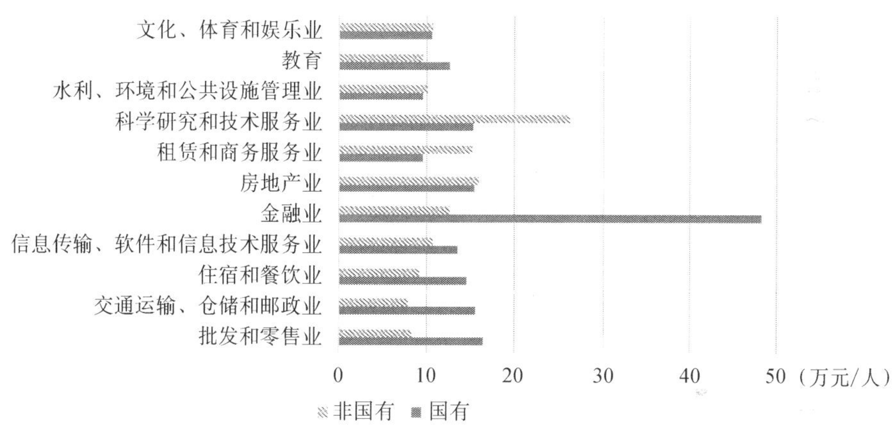

图 3－1　分所有制的各行业人均工资

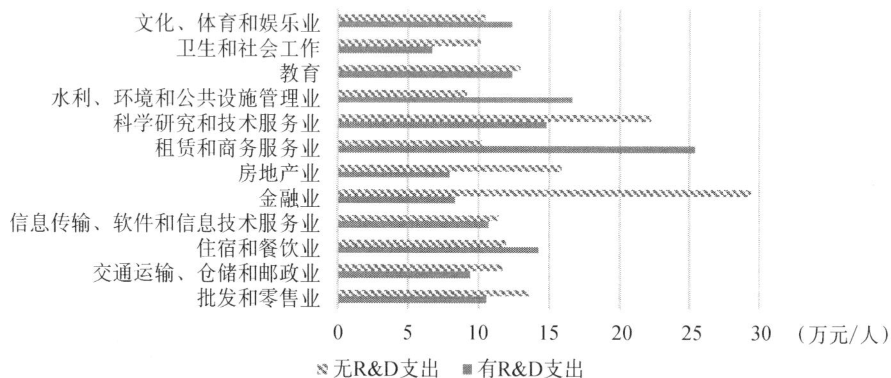

图 3－2　分 R&D 支出的各行业人均工资

服务业相较于制造业的行业异质性，表明有必要控制行业对各项指标进行统计。图 3－1、图 3－2 按行业画出了样本企业分所有制及分 R&D 支出的人均工资，表 3 - 3 给出了分行业的其他数据。分行业[1]来看，大部分行业的上市公司是国有企业占据主体地位，仅有信息传输软件和信息技术服务业[2]中非国有企业所占比重较大。研发活动较为频繁的行业是交通运输仓储和邮政业、信息传输软件和信息技术服务业、文化体育和娱乐业，有研发活动的企业占比达到 10% 以上。租赁和商务服务业以及科学研究和技术服务业，有研发活动的企业占比为 7%—8%。人均工资方面，上市公司中金融业、房地产业以及科学研究和技术服务业的人均工资显著高于其他行业，其他行业并未有太大差异。其中，人均工资又以金融业为最高，达到近 50 万元。

分所有制来看，图 3 - 1 说明，大部分行业中，国有企业工资高于非国有企业，符合本书的预测。国有与非国有工资差异最大的行业也是人均工资最高的两个行业。其中，金融类国有企业的人均工资高于同行业非国有企业两倍以上，而科学研究和技术服务业国有企业的工资低于非国有企业。但是，如果按研发活动支出分类，图 3 - 2 说明，创新性强的企业并不一定人均工资高。例如，在人均工资最高的金融业、房地产业及科学研究和技术服务业中，没有研发支出的企业工资显著高于有研发支出的企业。

总之，表 3 - 3、图 3 - 1 和图 3 - 1 分行业统计的结论和前文未考虑行业因素的表 3 - 2 中得到的总样本的统计结论一致：各行业的人均工资大致与其生产率和利润相匹配，但和创新不完全匹配，即研发活动频繁的行业和企业，工资和其技术创新性并没有必然联系。

四、实证结果分析

（一）主要结果

表 3 - 4 是根据式（1）分别使用固定效应、Hausman 和 Taylor 法、GMM 方法进行回归分析得到的结果。在表示企业特征的控制变量方面，用员工人数代表的企业规模与人均工资显著负相关，这是因为员工人数是人均工资变量的分母，员工人数越多，人均工资越低。表示企业租金分享程度的变量是企业人均利润，一般认为，企业租金分享度越高，员工工资越高；但因会计上工资作

① 教育领域样本数量过小，故在分析中不讨论。

为成本与利润负相关，在未对其做内生性处理的情况下，以人均利润表示的企业租金分享系数为负，故表3－4中人均利润的系数在不同模型和水平上都呈现很强的负面显著性。表示企业效率的变量是劳动生产率，从表中结果可以发现，企业效率和企业人均工资呈现很显著的正面关系，而且劳动生产率的回归系数在0.639到0.819之间，在所有控制变量中最大，符合新古典工资理论，即从需求方面看，工资取决于劳动的边际生产率。企业年龄是和创新有关的变量，这个变量的系数符号也符合预期，越是年轻的企业，员工工资越高，但系数较小。这在一定程度上可以表明创新性和员工收入有一定关系，因为通常来说，年轻的企业研发能力强于年老的企业。

在关注的主要变量中，表示创新的研发强度的回归系数为负，与国外研究中几乎均为正面显著影响的结果不一致。在表3－4中，第1列和第2列式中未加入对于所有制的控制，第1列不考虑任何变量的内生性，当期和滞后一期的研发强度对人均工资的影响为负，也不具有统计上的显著性。第2列使用GMM方法处理了技术创新的内生性，当期的研发强度与人均工资还是呈现负向关系。第3列和第4列加入了所有制的影响，当期企业的研发强度和人均工资之间的回归系数还是为负且不显著。在第3—8列中，加入所有制这一变量后，可以发现，所有制垄断对人均工资的影响一直呈现稳定的正面显著关系。这个结果表明，不管是否考虑所有制垄断，所有制垄断都是影响企业人均工资的主要因素，而创新对人均工资的影响不大。表中企业滞后一期的研发活动与人均工资间有微弱的正相关，只是并不具有统计意义。

表3－4　　创新和所有制垄断对人均工资的影响

VARIABLES	(1) fe	(2) gmm	(3) htaylor	(4) gmm	(5) htaylor	(6) gmm	(7) htaylor	(8) gmm
lne	-0.285*** (-6.555)	-0.038*** (-4.386)	-0.147*** (-5.800)	-0.066*** (-7.061)	-0.148*** (-5.824)	-0.068*** (-7.078)	-0.146*** (-5.787)	-0.066*** (-7.022)
lnk	0.098*** (3.276)	0.068*** (5.218)	0.085*** (4.451)	0.056*** (4.715)	0.082*** (4.282)	0.054*** (4.640)	0.085*** (4.470)	0.056*** (4.721)
lnpf	-0.154*** (-5.830)	-0.236*** (-8.468)	-0.170*** (-7.129)	-0.203*** (-6.403)	-0.172*** (-7.206)	-0.228*** (-8.296)	-0.170*** (-7.148)	-0.202*** (-6.391)
lnlp	0.639*** (12.189)	0.819*** (15.376)	0.693*** (15.258)	0.748*** (12.461)	0.695*** (15.295)	0.797*** (15.314)	0.694*** (15.267)	0.747*** (12.469)
age	0.065*** (4.850)	-0.007*** (-3.656)	-0.018** (-2.463)	-0.011*** (-5.601)	-0.017** (-2.391)	-0.011*** (-5.383)	-0.018** (-2.447)	-0.011*** (-5.487)

续表

VARIABLES	(1) fe	(2) gmm	(3) htaylor	(4) gmm	(5) htaylor	(6) gmm	(7) htaylor	(8) gmm
rdi	-0.210 (-0.362)	-0.248 (-1.570)	-0.210 (-0.399)	-0.264 (-1.440)	-0.214 (-0.403)	-0.176 (-0.896)	-0.238 (-0.451)	-0.281 (-1.583)
L. rdi	0.325 (0.379)		0.179 (0.276)		0.419 (0.541)		0.195 (0.301)	
SOE			0.303 *** (3.807)	0.243 *** (7.072)	0.299 *** (3.731)	0.253 *** (8.245)	0.299 *** (3.743)	0.235 *** (6.978)
adi	0.623 (1.615)	0.549 *** (3.612)	0.731 *** (2.694)	0.687 *** (4.368)	0.728 *** (2.675)	0.740 *** (4.545)	0.732 *** (2.700)	0.692 *** (4.368)
hhi	-0.936 (-0.640)	-0.395 (-0.579)	-1.169 (-0.979)	-0.925 (-1.312)	-0.236 (-0.501)	-0.032 (-0.129)	-1.176 (-0.985)	-0.839 (-1.200)
hhisq	2.654 (0.626)	2.184 (0.974)	3.166 (0.863)	3.544 (1.536)			3.185 (0.868)	3.297 (1.439)
rdi × SOE					3.967 (0.720)	7.427 *** (2.827)	4.068 (0.738)	6.593 *** (2.683)
地区	控制	控制	控制	控制	控制	控制	控制	控制
时间	控制	控制	控制	控制	控制	控制	控制	控制
行业	控制	控制	控制	控制	控制	控制	控制	控制
Constant	3.743 (1.206)	3.367 *** (8.789)	4.830 *** (6.684)	4.096 *** (10.099)	4.987 *** (6.525)	3.747 *** (10.151)	4.812 *** (6.660)	4.076 *** (10.016)
Observations	2 641	2 641	2 641	2 641	2 641	2 641	2 641	2 641
R - squared	0.279	0.465		0.478		0.476		0.478
过度识别 p 值		0.289						
一阶 F 值		13.801 ***		20.374 ***		12.182 ***		12.353 ***

注："*""**""***"分别表示在 10%、5%、1% 的水平上显著，括号内为 t 统计量。如无特别说明，本章各表中的星号说明均同此表。第 2 列工具变量为滞后一期的 R&D 强度和行业 R&D 强度均值，第 4、6、8 列的工具变量为滞后一期的 R&D 强度。

自然垄断的指标资本进入壁垒与人均工资显著正相关。表中结果显示，企业的资本密集度越高，人均工资也越高，该结果在 1% 的水平下显著，但影响幅度不大。一方面，资本密集度和企业的效率相关，通常大幅使用机器设备的企业，其劳动生产率也较高，从而资本密集度高的企业有较高的工资水平；另一方面，企业进入市场的资本要求越高，新企业进入市场越困难，市场内原有企业垄断力越强，员工收入也因此而提高。在考虑内生性时，产品差别化造成的进入壁垒同样与人均工资显著正相关，并且广告强度的回归系数为 0. 549—0. 732，绝对值大小仅次于企业劳动生产率的回归系数。这说明产品差别化导致的进入壁垒对于企业工资的影响很大。差别化对于工资的影响可能是通过利润实现的：广告加大了产品的差异化程度，提高了市场进入壁垒，加强了在位企业的垄断势力，从而增加了企业的利润。反过来说，如果企业绩效较好、收入水平较高，则表明其有更多资源可以投入加强产品差别、打造品牌的活动。反映经济性垄断的指标市场集中度与企业人均工资不存在明显关系。

那么，如果所有制发生变化，技术创新对于工资的影响是否会产生变化？据此，在前 4 列基础上加入了所有制的虚拟变量和研发强度的交叉项，回归结果即为第 5—8 列，技术创新和所有制的交叉项乘积为正。在考虑创新的内生性后，第 6 列和第 8 列的回归系数值进一步增大，不仅显著，而且远远大于其他解释变量的系数，说明“越垄断越创新，收入越高”。

这部分的分析说明，对于所有服务业企业而言，对工资影响较大的因素是劳动生产率、产品差别程度以及所有制垄断。不管是否考虑所有制垄断，企业自身的技术创新行为对工资影响都不突出。从理论分析上来看，R&D 强度理论应当与工资正相关，但不少实证研究和本书一样发现了相反的结果，如 Chennells 和 Van Reenen（1997）使用英国数据的研究，以及 Bartel 和 Lichtenberg（1991）使用美国数据的研究等。此外，如果将服务创新的特殊性考虑进来，可能进一步说明，因为服务业中制造业制度化和定式化的研发较少，使用 R&D 指标可能会低估服务业的技术创新程度，造成统计上相关性的缺失。

虽然技术创新与服务企业工资间没有显著关系，而且样本中国有企业的研发活动频率极低，但当两者结合起来时，研发投入高的国有企业获得了最高的工资升水，这已经可以反映技术创新对于收入的作用。

（二）分所有制的结果

不区分所有制可能会掩盖工资分配制度的差别。第一部分交叉项的结果已经表明研发投入高的国有企业收入更高，那么非国有的企业工资差异如何体现？下面分所有制考察技术创新对企业工资的影响（见表 3 - 5）。

表 3 – 5 技术创新对人均工资的影响

	所有制 = 国有				所有制 = 非国有			
VARIABLES	(1) htaylor	(2) gmm	(3) htaylor	(4) gmm	(5) htaylor	(6) gmm	(7) htaylor	(8) gmm
lne	-0.311***	-0.071***	-0.312***	-0.071***	-0.097***	-0.071***	-0.095***	-0.071***
	(-19.552)	(-6.062)	(-19.625)	(-6.054)	(-2.684)	(-4.215)	(-2.654)	(-4.167)
lnk	0.152***	0.063***	0.151***	0.063***	0.042	0.051***	0.047*	0.052***
	(11.722)	(4.348)	(11.688)	(4.302)	(1.525)	(3.144)	(1.776)	(3.161)
lnpf	-0.053***	-0.192***	-0.053***	-0.191***	-0.271***	-0.245***	-0.270***	-0.245***
	(-5.343)	(-8.924)	(-5.407)	(-8.924)	(-5.666)	(-4.772)	(-5.644)	(-4.714)
lnlp	0.487***	0.756***	0.488***	0.756***	0.801***	0.786***	0.795***	0.787***
	(23.476)	(19.165)	(23.514)	(19.152)	(9.333)	(8.045)	(9.299)	(7.959)
age	-0.021**	-0.013***	-0.021*	-0.013***	-0.014	-0.011***	-0.014	-0.011***
	(-1.997)	(-4.577)	(-1.946)	(-4.574)	(-1.590)	(-3.600)	(-1.604)	(-3.617)
rdi	0.677	7.477**	0.574	7.464**	-0.114	-0.292	-0.112	-0.293
	(0.384)	(2.286)	(0.326)	(2.279)	(-0.152)	(-1.544)	(-0.150)	(-1.548)
L. rdi	4.098*		3.948*		-0.035		-0.034	
	(1.788)		(1.721)		(-0.043)		(-0.042)	
adi	1.708***	1.047***	1.712***	1.046***	0.537	0.660***	0.530	0.651***
	(6.432)	(5.898)	(6.451)	(5.857)	(1.562)	(3.237)	(1.535)	(3.221)
hhi	0.064	-0.656**	0.657	-0.720	-0.073	0.290	-1.340	-1.131
	(0.303)	(-1.976)	(1.272)	(-0.894)	(-0.083)	(0.693)	(-0.583)	(-0.798)
hhisq			-1.979	0.259			4.433	5.165
			(-1.253)	(0.089)			(0.628)	(1.258)
地区	控制	控制	控制	控制	控制	控制	控制	控制
时间	控制	控制	控制	控制	控制	控制	控制	控制
行业	控制	控制	控制	控制	控制	控制	控制	控制
Constant	6.179***	4.173***	6.174***	4.087***	5.099***	3.902***	4.849***	3.984***
	(14.365)	(12.404)	(14.451)	(12.235)	(4.396)	(5.747)	(4.342)	(5.980)
Observations	1 330	1 330	1 330	1 330	1 311	1 311	1 311	1 311
R – squared		0.770		0.770		0.307		0.307
过度识别 p 值		—		—		0.448		0.411
一阶 F 值		23.367***		23.271***		9.784***		9.767***

表 3 – 5 所有制为国有企业的样本中，和总样本的结果有两个方面的区别。首先是创新的影响方面，第 1 列和第 3 列使用了 Hausman 和 Taylor 法，第 2 列和第 4 列使用了 GMM 法。在第 1 列和第 3 列中，滞后一期的研发投入强度对人均工资有正面显著影响。处理了创新的内生性的第 2 列和第 4 列，当期的研

发投入强度对人均工资影响为正，回归系数变大，显著性提高。总之，在区分所有制的结果中，国有企业研发投入强度的回归系数均为正，且具有显著性；而上一部分所有企业的结果中，研发投入强度的回归系数均为负，均不具有显著性。从绝对值大小来看，它的回归系数在所有解释变量中也是最大的。这表明在国有企业中，研发活动是影响工资收入的最主要因素；其次是市场结构的影响方面，改变较大的是产品差别化的系数。产品差别化 adi 的系数绝对值在国有企业的样本中增大到 1 以上，表明国有企业通过广告活动能够进一步强化垄断地位。

所有制为非国有企业的样本则和总样本类似，只是在某些解释变量的系数上存在大小差异。相比于国有企业的样本，区别主要在：第一，人均利润的回归系数偏小。国有企业人均利润回归系数大于非国有企业，说明国有企业的工资利润分享程度大于非国有企业。第二，非国有企业的劳动生产率对工资影响偏大，劳动生产率的系数为 0.786—0.801，而国有企业的该项系数为 0.487—0.756，表明非国有企业的工资决定机制更偏效率导向。第三，技术创新活动的系数均为负并且不显著，表明研发投入对非国有企业的工资不仅可能没有正面影响，甚至还存在消极影响。这个结果也许能够解释我国企业创新动力不强的原因。第四，市场结构上，产品差别化对非国有企业的工资水平虽然具有积极的正面效应，但广告的效果和显著性不如已经处于垄断地位的国有企业。

综合比较，在国有企业中，正面影响工资收入的最主要因素是内生的研发投入变量，其次是产品差别化、劳动生产率和资本进入壁垒。也就是说，在给定所有制垄断的情况下，技术创新对于收入的影响是能够得到肯定的。非国有企业工资的影响因素主要是企业的劳动生产率，技术创新还不能正面影响非国有企业的工资水平。

（三）分技术创新程度高低的结果

还有一个值得关心的问题是，技术创新程度不同的服务业企业中，所有制垄断对工资的影响是否存在差别。将企业按照有公布研发投入和无公布研发投入分为两组，回归结果如表 3 -6 所示。

观察有研发投入的企业结果可知，决定这类企业工资水平的首要因素是企业效率。劳动生产率的回归系数绝对值在 1.678 至 3.199 之间，大于其他所有解释变量。在总样本和分所有制样本中起到重要作用的因素，在技术创新型企

表 3-6　技术创新和所有制垄断对工资的影响

	有创新投入企业				无创新投入企业			
VARIABLES	(1) htaylor	(2) gmm	(3) htaylor	(4) gmm	(1) ols	(2) htaylor	(3) ols	(4) htaylor
lne	-0.108	-0.101	-0.106	-0.205	-0.084***	-0.228***	-0.084***	-0.227***
	(-0.678)	(-0.849)	(-0.680)	(-1.039)	(-4.514)	(-8.485)	(-4.537)	(-8.472)
lnk	-0.422**	-0.058	-0.383**	-0.132	0.060***	0.144***	0.063***	0.143***
	(-2.411)	(-0.652)	(-2.257)	(-0.927)	(3.412)	(7.764)	(3.513)	(7.702)
lnpf	-1.009***	-0.623*	-1.018***	-0.620*	-0.180***	-0.085***	-0.180***	-0.086***
	(-4.677)	(-1.817)	(-4.712)	(-1.844)	(-5.085)	(-4.455)	(-5.074)	(-4.472)
lnlp	3.199***	1.678**	3.133***	1.889**	0.660***	0.461***	0.658***	0.462***
	(7.366)	(2.513)	(7.251)	(2.222)	(10.829)	(12.662)	(10.831)	(12.686)
age	-0.006	-0.044	-0.005	-0.030	-0.011***	-0.021*	-0.011***	-0.021*
	(-0.170)	(-1.092)	(-0.165)	(-1.267)	(-2.798)	(-1.688)	(-3.004)	(-1.652)
rdi	1.083	0.594	0.980	0.815				
	(0.607)	(0.765)	(0.549)	(0.845)				
L. rdi	-0.675		-0.649	—				
	(3.205)		(3.177)	—				
soe	0.144	0.586	0.152	0.195	0.245***	0.313**	0.251***	0.307**
	(0.386)	(1.497)	(0.413)	(1.135)	(5.243)	(2.274)	(5.388)	(2.242)
adi	-0.347	-0.304	-0.341	-0.253	0.697***	0.653**	0.681***	0.655**
	(-0.192)	(-0.316)	(-0.191)	(-0.300)	(3.184)	(2.334)	(3.151)	(2.343)
hhi	-2.491	0.128	0.259	-7.752	0.570*	0.744*	-0.628	1.425
	(-0.491)	(0.128)	(0.022)	(-0.795)	(1.675)	(1.780)	(-0.883)	(1.363)
hhisq			-3.363	0.000			3.889**	-2.067
			(-0.106)	(.)			(2.492)	(-0.688)
地区	控制	控制	控制	控制	控制	控制	控制	控制
时间	控制	控制	控制	控制	控制	控制	控制	控制
行业	控制	控制	控制	控制	控制	控制	控制	控制
Constant	-6.581	0.390	-5.928	-0.646	4.894***	5.906***	4.818***	5.960***
	(-1.005)	(0.168)	(-0.272)	(-0.239)	(9.176)	(7.073)	(9.115)	(7.111)
Observations	330	330	330	330	2 846	2 846	2 846	2 846
R-squared					0.110	0.494		0.494
过度识别 p 值		1.000		1.000				
一阶 F 值		8.514***		9.457***				

业中都变得不重要了：几个变量的显著性下降，如所有制垄断与工资关系虽然正相关，但无一有显著性；创新投入的回归系数也没有显著性。几个指标与先前回归的结果符号相反，如产品差别程度与工资关系为负，企业的资本密集度与工资关系为负。可见，在技术创新型企业中，研发活动并不是导致工资水平提高的主因，研发活动的结果——效率的提升，才能带动工资的提高。

与技术创新程度低的企业工资水平相关的主要因素是：企业效率、产品差别化、所有制垄断、市场集中度以及资本密集度。与技术创新型企业相比，技术创新程度低的企业劳动生产率的回归系数减小的幅度较大，约为0.461—0.660，也小于总样本的回归系数，说明效率在技术创新程度低的服务企业的工资决定中不占据主导地位。市场结构、所有制垄断等外生变量对非技术创新型服务企业的影响较大。所有制垄断与产品差别化的回归系数与总样本类似，都具有显著的正面效应，但所有制垄断的系数较小，可见与一般服务企业一样，增加产品差异程度的进入壁垒对技术创新程度低的企业的绩效有着积极的作用。与总样本回归结果有区别的是，技术创新程度低的企业的工资水平受到市场的影响。行业的垄断性越强，企业的人均工资越高。总的来说，产品差别化、所有制垄断、市场集中度以及资本密集度，这几个变量可以作为进入壁垒的象征，进入壁垒越高，获得的经济利润越高，在位的企业的人均工资就越高。

上述结果说明，技术创新程度不同的企业表现出截然不同的工资决定机制。越是技术创新型的企业，工资决定机制越接近于“效率为王”的自由市场，较少受到环境等外部因素的干扰；越是技术创新性低的企业，工资水平就越容易受到各种进入壁垒的影响。这里主要讨论的是工资的影响因素，并未考虑变量间复杂的交互关系。这种现象的背后，可能存在两方面的原因：一是工资的激励作用。工资和效率挂钩，能够激发员工的积极性，从而增强企业的技术创新能力；在有多种进入壁垒的情况下，工资和效率不挂钩，因而员工工作努力程度差，也没有动力进行技术创新。二是创新程度和企业的利润分享机制相关。比如，技术创新型企业的分享渠道主要是通过创新提高效率、节省成本、获取利润，并在工资中得到反映。这个过程在非技术创新型企业那里不一定表现得这么直接。它们还可以通过强化产品差别程度、提升服务质量等方式来巩固并扩大市场，使利润获得增长。

五、本章小结

本章利用服务业上市公司数据，从初次分配的主体——企业的角度，探讨了行业垄断、技术创新对服务业人均工资的影响，有几点发现：一是与技术创新相比，所有制垄断在服务业企业工资水平决定上有更重要的作用。不管是否考虑创新活动的内生性，它与工资水平都不存在显著的正面关系，而所有制垄断的变量在各种条件下都具有强显著性。二是技术创新与所有制垄断结合起来，给企业带来了巨大的工资升水，说明它们都是能给企业带来利润的手段。三是对于服务企业而言，服务产品差别化造成的进入壁垒影响较大，规模经济造成的资本进入壁垒对企业工资水平有正面影响但幅度较小，市场集中程度的影响不明显。以上三个结论也适用于分所有制和创新度的样本，说明服务企业的行业自然属性一定程度上影响着企业工资。四是分所有制来看，技术创新是影响国有企业工资水平的主要因素，但对非国有企业无显著影响。非国有企业的工资确定基本遵循效率导向的机制。五是从分技术创新程度高低看，即使已经控制了行业、地区和时间的影响，技术创新程度高的企业，工资偏向效率导向，所有制垄断对工资的影响也不明显，而技术创新程度低的企业，受到各种垄断因素影响较大。

在服务业行业内部，以及服务业企业之间的工资差距中，起主导作用的因素是行政性垄断。服务业自身属性产生的进入壁垒，如服务的差别程度、资本进入壁垒等，进一步拉开了企业间的工资差距。初次分配是收入差距产生的源头，以上结论表明，作为初次分配中收入差距产生的主要领域，在服务业领域进行反垄断和进行促进竞争的改革应当是现阶段治理收入差距的核心问题。如果破除各种行政性垄断的政策在当前条件下比较难于实施，那么从垄断企业的超额利润分配开始，将其转化为公共支出，以及完善国有企业薪酬机制，使其和效率匹配等措施，可能较为有效。

技术创新是当今世界影响收入差距的巨大力量，然而与行政性垄断造成的收入差距相比，它的力量相对弱小。技术进步与收入增加脱钩，这种情况会影响到企业的创新热情。本书已经发现，技术创新性较强的企业，其薪酬制度是市场导向的。因此，从某个意义上讲，建立相应的绩效工资体系，从收入角度引导激励创新，也不失为一种推动企业创新的方法。

第四章
服务业发展与劳动收入份额的改善

一、引言

中国过去居民收入差距过大的源头主要集中在初次分配领域。劳动报酬在初次分配中的比重偏低并且不断地下降，扩大了资本和劳动之间的不平等以及贫富差距。一般认为，服务业是劳动密集型的，在初次分配中有利于劳动者，服务业的发展会提高劳动收入的份额，从而改善整个经济的初次分配状态。文献也多支持以下前提假设：在非农业部门中间，服务业比制造业更多利用劳动要素，劳动收入份额高于制造业（罗长远、张军，2009；白重恩、钱震杰，2009）。随着服务业逐渐超越第二产业成为首要支柱产业，这种“经济服务化”转型将导致对应的劳动收入份额提高。劳动份额的变化随着经济发展呈现“U 型”规律（李稻葵等，2009）。

经济的服务化真的能自然而然地使劳动报酬比重稳步上升吗？我们看到，虽然自 1980 年以来，全球范围内服务业发展迅猛，但相应的劳动收入份额却不断下降，那些已经完成经济服务化转型的发达国家也同样遇到了这个问题（Elsby et al.，2013；Karabarbounis 和 Neiman，2013），劳动收入份额不再是一成不变、相对稳定的“卡尔多事实”（Kaldor Fact）。这个现象说明，转向服务业并不是提高劳动报酬占比的“万灵药”。随着服务业占比的提高，如果导致劳动收入份额下降的原有障碍未得到妥善解决，劳动报酬比重不一定会进入上升通道，还可能在综合因素的作用下不断地恶化收入不平等的状况。其原因主要有三：一是作为影响经济的第一大产业，服务业从结构上直接影响未来的要素分配份额。二是劳动收入份额的大小，与企业的用工成本直接相关。服务业产出中作为中间品投入品的部分，也会间接影响到其他行业的成本乃至劳动收入份额。三是服务业的初次分配格局比第一、二产业的分配更加不均衡。服务业中存在着垄断性的、可贸易的、技术进步的高收入部门与竞争性的、不可贸易的、技术停滞的低收入部门。技术、市场、全球化这些影响劳动收入份额的因素，通过拉开服务业行业大部分人和小部分人的收入差距的方式，导致服务业的劳动份额的下降以及收入差距的扩大。

劳动收入份额取决于劳动和资本在生产中的权重。虽然一般认为比之制造业，服务业利用劳动更多，但其未必具有更高的劳动份额。服务业比重提升，也未必有利于改善初次分配。与一般文献主要关注制造业和工业不同（白重恩等，2008；翁杰、周礼，2010；张杰等，2012），本章主要关注服务业部门的初次分配问题。首先，服务业内部存在高度不均衡的二元结构，它既有资本密集程度很高的部门，如金融业、房地产业，也有劳动收入份额很高的部门，如批发零售业、居民生活服务业等，有必要专门聚焦服务业进行结构性研究。其次，过去的文献大多是从宏观层面出发来研究产业发展与劳动报酬的比重关系（李稻葵等，2008；白重恩等，2008；罗长远、张军，2009），本章从企业微观层面对其做了补充研究。最后，跟既有的研究集中于劳动收入份额的现状和成因不同，本章专门讨论了提高劳动收入份额措施和细分产业的政策问题。研究将有助于从产业视角，尤其是服务业发展视角来调整要素分配格局。

二、服务业的劳动份额变动趋势

（一）劳动收入份额计算

劳动者、资本所有者和政府在国民收入中所占的份额组成了国民收入初次分配的格局。统计中一般采用劳动者报酬占 GDP 的比重来衡量劳动收入份额。劳动收入份额的测量涉及两个指标，分子“劳动者报酬”和分母“产出”（或国民收入）。服务业真实产出的核算复杂而困难：服务具有无形性、即时性，它无法像有型的货物一样，找到界定其价格、质量和数量的合适方法。物品的产出、质量和数量是明确的，但服务产出的定义多种多样，质量变化引发的价格变化和单纯的价格变化容易被混淆。单纯的售卖数量乘以价格并不能够统计服务的增加值，许多服务的增加值其实是要素投入的使用成本，因此一直存在诸如范围过小、被低估等各种问题。在涉及不变价增加值衡量时，价格指数的掺入也影响准确性。

劳动份额是宏观国民收入核算体系中的概念，因此它的测算基本集中在宏观层面，缺乏微观的基础。微观层面的测量，一般是用劳动者报酬除以企业增加值，如李稻葵等（2009）计算了2000—2004年1 000个企业的劳动份额，我国宏观层面的统计中服务业采用收入法计算现价增加值（许宪春，2004），即收入意义上的产出由以下几部分构成：劳动者报酬、固定资产折旧和营业盈余①之和、生产税净额。本章对于产出的处理方法和基于GDP的统计方法一致，也和大多数计算企业层面收入份额的文献是一致的（白重恩等，2008；张杰等，2012），能够较好地反映企业通过生产获得的收入和初次分配情况。

（1）使用现金流量表中“支付给职工以及为职工支付的现金”表示劳动者收入，它包括公司实际支付给职工，以及为职工支付的现金，包括本期实际支付给职工的工资、奖金、各种津贴和补贴等，以及为职工支付的其他各种费用。

（2）资本收入中的固定资产折旧和营业盈余两项，固定资产折旧取自现金流量表中的“固定资产折旧”，反映了固定资产在当期的损耗。营业盈余包括企业的营业利润和政府获得的生产补贴，取自利润表中的“营业利润”。

（3）生产税净额指企业在当期缴纳的各种税金、附加费和规费扣除生产补贴的差额。生产补贴在营业盈余和生产税净额相加时抵消，故计算增加值时，不将其计入。使用现金流量表中“支付的各种税费”，表示企业支付的生产税净额。总的公式为：

企业劳动收入份额 = 劳动者报酬/企业增加值 = 支付给职工以及为职工支付的现金/（支付给职工以及为职工支付的现金 + 固定资产折旧 + 营业利润 + 生产补贴 + 支付的各种税费 - 生产补贴）

资本要素的份额为利润和固定资产折旧之和：

企业资本收入份额 = （企业营业净利润 + 固定资产折旧）/企业增加值

由于收入按要素在劳动、资本、政府间分配，政府所得份额即为支付的各项税费/企业增加值。本章使用2007—2016年A股上市公司中的企业数据。选择这个时间段的主要考虑是：首先，2007年上市公司实施新会计准则，改用新报表，数据的一致性和某些指标的可获得性能够得到保证。其次，现有文献

① 用收入法计算的行业不包括政府部门。几个部分的界定参照统计局制订的各主要服务业的统计报表制度。

的研究时段一般在2007年以前，使用2007年以后的数据能够反映劳动份额在一段经济周期的动态变化。为了避免计算出的产出为负数，在计算时先剔除营业利润为负的样本。此外，还删除了缺失数据的样本。

（二）服务业劳动收入份额描述

对1995—2007年这段数据的研究显示，中国的劳动收入份额呈现长期低水平下降的趋势，而2008年以后的数据，劳动收入份额是在崎岖中上升。两者合起来是“U型”的走势。

一般服务业的劳动收入份额是大于制造业但小于第一产业。图4-1粗略估算了制造业和服务业的劳动收入份额①。服务业的劳动收入份额确实大于制造业。在2007年以前，各产业的劳动收入份额基本稳定，或是轻微下降。2007年以后，各产业出现了分化，其中服务业占比有所上升，制造业的劳动收入份额持续下降，表明随着服务业比重的上升，大量劳动力可能从制造业转移至服务业，由此也带来了总的劳动收入份额的上升。与宏观的劳动收入份额相比，根据上市公司数据计算的数值，绝对数值偏低。这也符合使用微观数据得出的结论（白重恩等，2008；常进雄和王丹枫，2011）。相对来看，与宏观数据相反，服务业劳动收入份额低于制造业。

图4-2表明，虽然与宏观统计数据一样，各产业的劳动收入份额在2007年后呈现总体上升趋势，但具体到行业微观层面来看，服务业的劳动收入份额并未如所预期的高于制造业，而是在每个年份都低于制造业，和宏观上服务业劳动收入份额始终高于制造业的情况并不匹配。根据计算，在各产业中，制造业上市公司的劳动收入份额由2007年的26.8%上升至2016年的36.5%，上升9.7个百分点。第一产业上市公司的劳动收入份额由2007年的30.5%上升至2016年的40.5%，上升10个百分点。服务业上市公司的劳动收入份额由2007年的25.7%上升至2016年的34.9%，上升9.2个百分点。服务业的劳动收入份额不仅绝对数值低于制造业和第一产业，而且增长幅度也较其他产业乏力。

---

① 分行业城镇单位就业人员的工资总额为分子，当年行业增加值为分母。GDP的劳动份额可用统计年鉴数据根据收入法计算，或各地区数据加总后计算得出。使用城镇单位的数据将低估全国范围的劳动收入份额。

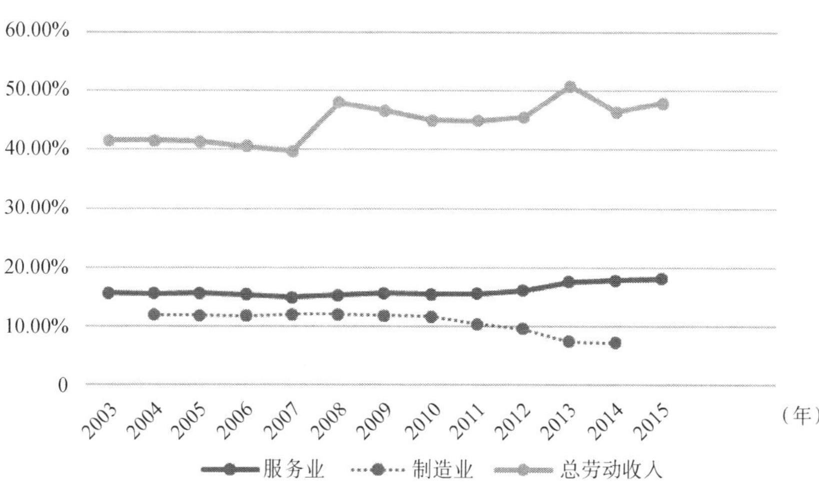

图 4－1　2003—2015 年中国劳动收入份额变化

资料来源：根据各年《中国统计年鉴》计算得出。

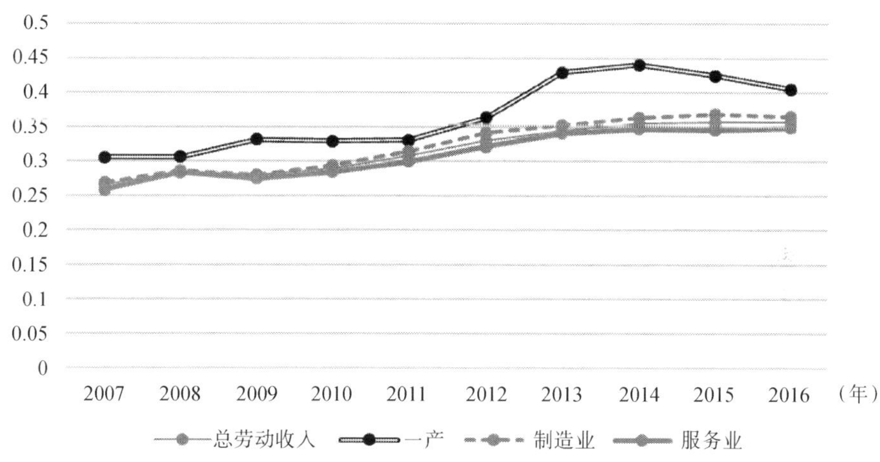

图 4－2　2007—2016 年上市公司分行业劳动份额变化

资料来源：作者计算得出。

图 4－3 分要素份额描述了服务业上市公司中各要素的初次分配结构，初步说明了服务业上市公司劳动收入份额偏低的原因是其分配比重相对于资本较低。服务业上市公司的资本收入份额偏高，资本收入份额由 2007 年的 52.1%下降到 2016 年的 42.8%，资本收入份额的不断下降同时伴随着劳动收入份额的不断提高。在此期间，税收所占比重虽有小幅波动，但基本保持稳定，2007 年占 22.1%，2016 年占 22.3%，仅提高 0.2 个百分点。资本和劳动具有替代

关系，初步看来，服务业上市公司偏向资本的分配结构压低了服务业的劳动收入份额。但是，随着时间推移，长期来看，服务业上市公司的初次分配是朝着有利于劳动者收入的角度演变的。

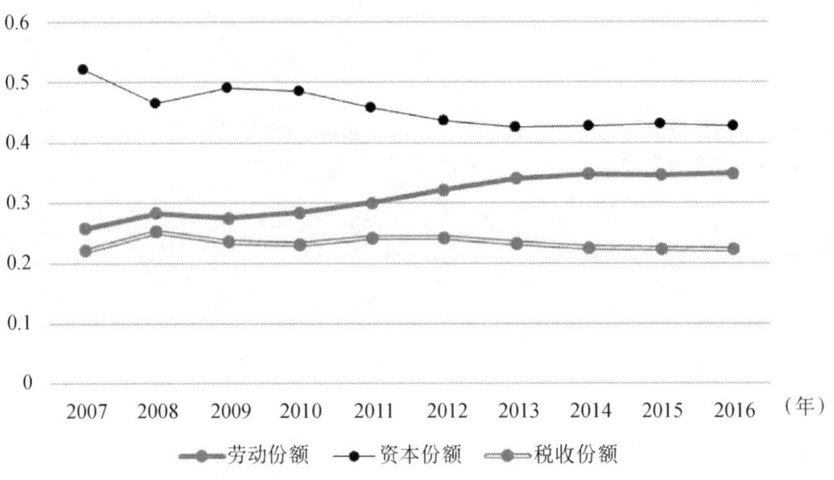

图 4－3　2007—2016 年服务业上市公司要素份额变化

资料来源：作者计算得出。

表 4－1 列出了几大产业和服务业的具体数据。通过观察表 4－1，有这么几个结论：一是不管在哪个产业哪个部门，资本收入的份额都是最高的。不仅仅是一般认为密集使用资本的制造业，一般认为劳动密集的第一产业，资本收入的份额甚至在几大产业中最高。造成三次产业劳动份额差异的原因，主要在于第一产业相对其他产业较低的政府税收比重（7.62%）。服务业的税收负担相对较重、资本份额也较高，因此服务业的劳动份额最低。二是劳动者收入与劳动收入份额并不存在明显关联。第一产业人均工资最低，而劳动份额最高服务业的人均工资是第一产业的 2.37 倍，是制造业的 1.85 倍，但劳动收入份额依旧低于这两大产业。三是资本密集程度与劳动收入份额有反向关联。第一产业人均固定资产净值是制造业的 1.13 倍，虽然人均工资最低，但资本份额最高，劳动份额也最高；服务业人均固定资产净值是制造业的 2.26 倍，虽然人均工资最高，但劳动份额最低。资本密集度越高，劳动份额越低。一般常有制造业资本密集，而服务业劳动密集的印象，但表 4－1 表明，至少在上市公司中，服务业多是资本密集型，仅有 4 个行业的人均固定资产低于制造业的均值。因此，中国服务企业中的要素分配比较有利于资本所有者。

具体看服务业各部门，可以发现，各部门的劳动收入份额集中在 26%—

33%、41%—44%两个区间内。表4-1根据升序排列了13个部门的劳动收入份额和其他情况。劳动收入份额较低（小于30%）的部门，都是资本收入份额较高的资本密集型行业，税收的份额也偏高，如劳动收入份额最低的房地产业，其增加值的36.78%都分配给了政府，为所有行业之首。劳动收入份额较高（大于40%）的部门，行业特征是知识密集或劳动密集，且资本和政府的分配比重相对较低，在要素分配时有利于劳动者，如科研和技术服务、教育、卫生和社会工作、信息传输、软件和信息技术这些有利于高技能的劳动者的行业，以及住宿和餐饮业这些有利于低技能的劳动者的行业。

表4-1　　　2007—2016年服务业上市公司情况比较

	劳动份额	资本份额	政府份额	人均固定资产均值（元）	人均工资（元）
第一产业	36.09%	56.30%	7.62%	453 453	62 903
制造业	32.85%	45.16%	21.99%	399 283	80 350
服务业	31.42%	45.33%	23.25%	902 925	148 958
房地产业	15.82%	47.40%	36.78%	784 978	165 718
金融业	26.24%	53.19%	20.57%	318 370	310 922
水利、环境和公共设施管理业	26.79%	51.84%	21.37%	777 690	84 125
租赁和商务服务业	27.87%	47.64%	24.49%	1 739 917	140 827
交通运输、仓储和邮政业	28.46%	54.72%	16.81%	3 897 988	149 377
综合	28.88%	46.29%	24.84%	476 284	123 368
文化、体育和娱乐业	32.89%	49.13%	17.98%	297 440	107 589
批发和零售业	33.08%	39.53%	27.38%	580 232	145 654
科学研究和技术服务业	41.41%	41.06%	17.54%	323 873	128 326
教育	41.47%	40.24%	18.30%	855 007	87 388
卫生和社会工作	42.58%	43.00%	14.42%	1 177 167	262 613
信息传输、软件和信息技术服务业	42.61%	40.13%	17.26%	178 457	110 498
住宿和餐饮业	44.23%	36.46%	19.31%	401 107	76 132

资料来源：作者计算得出。

考虑到服务业部门不同所有制企业面临的环境差异，将服务业上市公司分为地方国有、集体、民营及其他、外资和中央国有企业，表4-2描述了它们同时间段内的劳动份额变化。样本中，占比最高的三种类型企业依次是民营及其他（57.97%）、地方国有（28.40%）以及中央国有（11.06%）。劳动份额的排序依次是：民营及其他（34.44%）、中央国有（33.02%）、外资（30.91%）、地方国有（29.5%）、集体（25.73%）①。总的来说，服务业上市公司不同所有制企业的劳动收入份额差距并不十分突出。对于工业或制造业部门的研究（白重恩等，2008；周明海等，2010）经常发现，国有企业的劳动收入份额最高，非国有企业的劳动收入份额较低，但本章研究的服务业上市公司中，非国有企业的劳动份额也不比国有企业低。这与之前的研究并不矛盾，考虑服务业的行业性质，有以下原因：第一，地方国有企业和中央国有企业均集中在资本密集的服务业，资本份额较高；而中央国有企业所在行业多为高利润的垄断行业，支付工资较高，劳动收入份额也较高。第二，民营企业集中在轻资产重劳动的服务业，人均固定资产低，资本收入份额较低，因此劳动收入份额较高。第三，相对于偏高的劳动生产率，外资企业支付的劳动报酬偏低，所以外资企业的劳动收入份额低于民营及其他类型企业，但在考虑其他因素后是否依旧如此，需要进一步研究。

表 4-2　2007—2016 年服务业上市公司分所有制要素份额　（单位：%）

	占比	劳动份额	资本份额	税收份额
地方国有企业	28.40	28.91	46.94	24.15
公众企业	8.07	32.03	46.26	21.71
集体企业	0.48	22.66	49.20	28.14
民营企业	48.30	33.09	44.17	22.74
其他企业	1.60	36.40	41.52	22.08
外资企业	2.10	24.47	46.20	29.34
中央国有企业	11.06	32.21	45.08	22.71

资料来源：作者计算得出。

三、服务企业劳动收入份额影响因素的实证分析

（一）模型设定

估计如下计量模型：

① 集体企业样本过少，只有 38 个，没有代表性，故不单独讨论。

$$ls_{it} = \beta_0 ln\, w_{it} + \beta_1 ln\,(K/L)_{it} + \beta_2\, skill_{it} + X'\theta + \alpha_i + \gamma_t + \varepsilon_{it}$$

其中，i 表示企业，t 表示年份。被解释变量 ls 是经过 Logit 变化的劳动收入份额，即先把 LS 调整为 LS/（1 - LS），再对其取对数得到 ls。X 为一组变量。具体来说，主要是现有一般文献中已经指出的企业的特征变量和市场环境的控制变量。

企业的特征变量有：

（1）企业的人均工资水平 lnw，计算指标为当年企业人均工资水平的对数。劳动收入份额的计算公式中含有工资变量，故它是影响企业劳动收入份额的重要因素之一。但是，它的影响力取决于劳动与资本的替代弹性，具有不确定性，因为提高工资可能会减少就业。人均工资水平也可在一定程度上反映工人的谈判能力。

（2）企业的资本密集度 ln（K/L），计算指标为当年企业固定资产净值与全部员工人数的比重。这个指标是人均资本存量，它的上升意味着人均资本的上升，也即资本深化。估计系数的大小同样取决于资本与劳动的替代弹性 σ，当替代弹性 $\sigma > 1$ 时，资本报酬增长速度大于劳动报酬增长速度，人均资本上升，则劳动份额下降，估计系数为负；当替代弹性 $\sigma < 1$ 时，资本报酬增长速度小于劳动报酬增长速度，人均资本下降，则劳动份额下降，估计系数为正；当替代弹性 $\sigma = 1$ 时，估计系数不显著①。这个指标还可以反映企业的技术进步。技术进步偏向资本，则劳动收入份额降低（此时资本与劳动的替代弹性大于 1）。中国一般符合大于 1 的情形。通过观察 β_1 的符号，可以估计替代弹性的范围。

（3）企业的技术进步。无数研究已经验证了技术进步在要素收入分配中的重要意义。技术进步对劳动收入份额的影响有两个方面，一是技术的应用减少了对低技能劳动的需求，如计算机可以替代部分低技能劳动力的常规劳动；二是技术进步可能使工人生产效率大幅上升、工资水平提高，从而提高劳动收入份额，但由于资本所有者可能获取大部分利益，总体上劳动的收入份额还是下降。在衡量技术进步时，经常使用全要素生产率来表示，使用的方法为索洛残差法，这种方法需要假定 C - D 生产函数，其劳动份额固定，与本章不符，故本章采用劳动生产率来衡量技术进步。Acemoglu（2003）将技术进步分为资本增强型和劳动增强型。劳动增强型的技术进步不影响劳动收入份额。当经济

① 推导过程见本章延伸阅读部分。

在转型路径上运行，资本增强型的技术进步将使企业使用资本替代劳动，劳动收入份额下降。一般认为转型中的我国技术进步是资本增强型，故预测其系数为负。

（4）高技能劳动占比 skill，用大学本科以上学历人数占比代表。它定义了劳动者的素质和企业的知识密集程度。技术进步如果是技能偏向型的，可能会使分配有利于劳动者。比如，越是知识密集型的企业，越依赖于高技能的劳动者，这会使劳动收入份额上升。

（5）研发创新强度 rdi。计算指标为研发支出总额占营业收入的比例。企业的研发主要依靠的是高水平的人力资本，研发强度越高，劳动收入份额越高。由于高技能的劳动者和研发投入具有极大相关性，这可以看成高技能劳动的一个替代指标。

（6）净资产收益率 ROE。它是企业对股东所提供资本的使用效率。根据皮凯蒂的研究（2014），如果资本的收益率 r 大于经济的增长率 g，说明拥有资本带来的回报比劳动更多，那么资本的份额将持续增加，劳动的份额将减少。这也可以看成“利润侵蚀工资”的现象。和资本所有者相比，一般劳动者对利润分配的影响较小，利润的增加往往和劳动者的工资减少直接挂钩（郑志国，2008）。据此预测该项指标系数为负。

（7）所有制。白重恩等（2008）同样发现，不同所有制企业的要素分配份额存在显著的差异，所有制的变化是解释资本收入份额变化的最强因素。一般认为，国有企业的劳动收入份额较高，但如果国有企业集中在劳动收入份额偏低的资本密集型行业，也会造成国有企业劳动收入份额较低的事实。在周明海等（2010）的研究中，民营和外资股权上升使劳动收入份额下降。不同所有制的要素分配份额是否在服务业中存在差异？这也是需要解决的问题之一。

市场环境的控制变量有：第一，行业的竞争程度。白重恩等（2008）认为，垄断能力越强，垄断租金越多，资本收入份额越高，劳动收入份额越低。本章使用中国证监会行业分类的大类行业的赫芬达尔—赫希曼指数（HHI）衡量一个行业的产业集中度。还有一个衡量垄断能力的指标是价格加成，价格加成理论上是测度企业市场势力的较好指标，经常用销售净利率来表示，但它在本章模型中可能具有较强的内生性，因此本章使用的是 HHI 指数。HHI 指数越高，说明垄断程度越强。第二，政府补贴。政府给企业提供的补贴通过改变要素使用价格影响劳动收入份额。该变量为虚拟变量，如果年报中接受了政府补贴，则设为 1；反之设为 0。第三，其他，如地区和行业层面的因素（罗长远、张军，2009），以及时间等。以上变量同时也认为是外生变量。

（二）估计方法

本章使用了2007—2016年的上市公司数据。模型中可能出现明显内生性变量，如人均工资、人均资本、劳动生产率、净资产收益率等。我们使用当年该行业的内生变量均值为工具变量，引入2SLS法对模型进行估计，并使用表示异方差的稳健标准误。由于工具变量数量与内生变量数量相等，过度识别检验不适用，仅报告最小特征值统计量，以验证是否存在弱工具变量①。

四、服务企业劳动收入份额影响因素的实证结果

（一）基本结果

表4-3报告了服务企业中收入份额影响因素的回归结构。为了便于服务业和制造业企业进行比较，表中第（1）-（3）列为服务业企业样本的估计结果，第（4）-（6）列是制造业企业样本的估计结果。表示高技能劳动的highskill和表示研发创新程度的rdi相关度较高，故第（1）-（2）列以及第（4）-（5）列分别对这两个变量做了回归分析。这两个变量与其他变量的相关度也较高，第（3）列和第（6）列直接剔除了这两个变量对模型重新进行回归分析。关于最小特征值的检验表明工具变量是有效的。下面来讨论表4-3的结果。

表4-3　　收入份额的影响因素回归结果

	服务业			制造业		
变量	(1)	(2)	(3)	(4)	(5)	(6)
lnw	1.454***	1.449***	1.450***	1.527***	1.488***	1.535***
	(0.016)	(0.016)	(0.016)	(0.020)	(0.017)	(0.017)
lnkl	-0.013*	-0.008	-0.012*	-0.047***	-0.044***	-0.048***
	(0.007)	(0.007)	(0.007)	(0.006)	(0.006)	(0.006)

① 虽然系统GMM法在估计同类问题时经常使用，但该方法容易造成过多的工具变量。本书同样使用系统GMM法估计，其结果和2SLS法具有一致性。

续表

	服务业			制造业		
变量	(1)	(2)	(3)	(4)	(5)	(6)
lnlp	-1.356*** (0.016)	-1.358*** (0.014)	-1.353*** (0.015)	-1.450*** (0.013)	-1.441*** (0.012)	-1.450*** (0.013)
ROE	-0.004*** (0.001)	-0.002* (0.001)	-0.004*** (0.001)	-0.003*** (0.001)	-0.003*** (0.001)	-0.003*** (0.001)
highskill	0.020 (0.013)			0.031 (0.021)		
rdi		0.978*** (0.175)			1.296*** (0.189)	
gov	0.049*** (0.008)	0.049*** (0.008)	0.049*** (0.008)	0.056*** (0.005)	0.055*** (0.005)	0.056*** (0.005)
hhi	-0.075*** (0.015)	-0.061*** (0.016)	-0.076*** (0.016)	-0.011 (0.025)	0.018 (0.027)	-0.018 (0.026)
地方国有	0.003 (0.008)	0.001 (0.008)	0.002 (0.008)	-0.011* (0.006)	-0.016** (0.006)	-0.014** (0.006)
集体	0.164*** (0.046)	0.156*** (0.046)	0.163*** (0.047)	-0.037*** (0.013)	-0.051*** (0.012)	-0.042*** (0.013)
民营其他	0.042*** (0.010)	0.030*** (0.009)	0.041*** (0.010)	-0.003 (0.008)	-0.023*** (0.008)	-0.004 (0.008)
外资	0.047*** (0.012)	0.040*** (0.011)	0.047*** (0.012)	-0.010 (0.008)	-0.024*** (0.009)	-0.013 (0.009)
年份	控制	控制	控制	控制	控制	控制
地区	控制	控制	控制	控制	控制	控制
行业	控制	控制	控制	控制	控制	控制
最小特征值	166.647	128.002	166.647	196.373	145.924	196.373
Observations	6,671	6,671	6,672	14,594	14,594	14,594

注：括号内为稳健标准误。“*”“**”“***”分别表示在10%、5%和1%的水平上显著。本章各表若无特别说明，解释均以本表为准。

从企业自身特征的变量看：

(1) 企业员工平均工资水平与劳动收入份额呈现显著的正向关系，并且系数最大，不管在服务业还是制造业企业，它的影响大小都相仿。这说明提高工资水平在我国对于提高劳动收入份额具有普遍而直接的正面作用。通过改善初次分配，能够有效提升劳动报酬的占比。

(2) 资本密集程度的估计系数为负。根据前文的分析可知，资本和劳动的替代弹性大于1，符合我国的情况。这表明资本的深化导致劳动收入份额的下降，即资本密集度越高的企业劳动收入的比重相对越低。资本密集程度估计系数为负的政策含义是，要提高劳动收入份额，就必须在生产中多用劳动、少用资本，虽然提高人均工资水平也能够使劳动收入份额得到提高，但如果资本劳动替代弹性较大，过高的工资可能使企业用资本替代劳动，反而不利于劳动收入份额的上升。在服务业中，该项估计系数为负，但绝对值较小、显著性较弱，制造业的估计系数绝对值大且显著性较强，说明人均资本的增加对制造业的劳动收入份额影响较大。但是，不论是对服务业还是制造业，在生产中投入资本过多都不利于分配偏向劳动者。这一结果与以往研究不一致（白重恩等，2008）。我们发现，得出资本深化有利于劳动收入份额提高结论的研究，其使用的数据为2008年之前的数据，该时段劳动收入份额是下降的，而本章使用2007—2016年间的数据，该时段劳动收入份额是上升的，因此结果相反。此外，随着我国资本积累不断加深，它对劳动收入份额的作用不可能无限制地扩大，必将受到“天花板”的限制而减小（黄先海，徐圣，2009）。表中的结果表明，这一“天花板”已经到来。

(3) 人均劳动生产率的估计系数显著为负，说明生产效率越高的企业劳动收入份额越低，制造业和服务业都是如此。这就表明，在Acemoglu（2003）的分类中，我国企业的技术进步是资本偏向型的技术进步，这种技术进步强化了资本在初次分配中的博弈力量。该结论也和研究我国微观制造企业的研究一致（张杰等，2012）。

(4) 净资产收益率的影响显著为负。该结果已经可以验证皮凯蒂的观点以及利润侵蚀工资的命题，资本的回报率升高实际降低了劳动报酬的比重。

(5) 高技能劳动占比的系数为正，但不显著。然而，与该变量高度相关的创新强度的系数显著为正，这就说明，员工人力资本水平提高对于收入份额有一定的正面影响，但只有在企业生存高度依赖研发创新活动时，才有利于增加劳动收入份额。

(6) 分所有制来看，在第（1）-（3）列中，以央企为参照组，服务业地方国企的劳动收入份额和央企不存在显著差别。民营和外资企业的劳动收入份额显著高于央企，但回归系数较小。第（4）-（6）列，制造业和服务业相反，央企的劳动收入份额显著高于其他所有制企业。服务业的结果和现有的主要基于制造业的研究有较大不同。例如，周明海等（2010）使用世界银行的数据的研究发现，民营和外资股权占比的上升使劳动收入份额显著下降。张杰等（2012）对工业企业的研究发现，国有和外资企业的劳动收入份额显著高于民营企业。因此，不同所有制的服务企业在初次分配上差距较小。与制造业的民营企业和外资企业相比，服务业的民营企业和外资企业的劳动收入份额较高。

从企业市场环境的变量看：

（1）政府补贴的系数显著为正。一方面政府补贴压缩了初次分配中政府的份额，增加了给劳动的份额；另一方面，地方政府的补贴政策除了向承载较多就业的大企业倾斜，还有“扶强”的倾向，那些实力较强、工资较高的企业得到补贴的可能性较大。

（2）产品市场的市场垄断势力 hhi，对于服务业显著为负，对于制造业不够显著。这说明服务业中垄断势力较强，垄断企业获取了较高的利润。由于我国劳动力谈判能力弱，垄断利润多为资本所有者获取，增加了资本收入份额。因此，垄断程度越高，劳动收入份额越低。该结果直接的启示是，加强产品市场的竞争，打破垄断，将有利于提高服务业的劳动收入份额。

从绝对数值上来看，技术进步、工资水平和研发活动对劳动收入份额的影响大于其他所有变量，说明要改善初次分配，最重要的还是要关注企业的生产效率和员工收入。资本积累、所有制等的影响，并不像一般认为的那样突出。

（二）不同要素密集和不同所有制企业的回归结果

服务业的异质性较大，既有劳动密集型部门，也有资本密集型部门；既有研发创新活动较多的现代部门，也有研发创新活动较少的传统部门。不同部门的资本密集程度、要素之间的替代弹性和市场竞争程度均有较大差别，故它们的劳动收入份额也不同（见表4－4）。本节根据不同要素的密集程度，将服务业企业细分为资本密集型、劳动密集型和知识密集型，讨论不同类型服务业的影响因素。目前对于各种行业类型的划分并无统一标准，即使是同一行业的服务企业，也会因为异质性而有所不同，故将人均固定资产均值高于其行业均值的企业划为资本密集型企业，将产出中劳动占比（即劳动收入份额）高于其行业均值的划为劳动密集型企业，大学将本科以上学历员工占比均值高于其行业均值的企业划为知识密集型企业，并得出相关变量的特征（见表 4－4）。按此分类对服务企业进行回归，分析得出表 4－5 的前 3 列。此外，鉴于现有研究都认为所有制对企业劳动收入份额产生了显著性影响（李稻葵等，2009；罗长远、张军，2009；周明海等，2010；张杰等，2012），表 4－5 的后 4 列报告了分所有制的回归结果。

表 4－4　　各变量在不同要素密集型行业的差异

变量	资本密集	劳动密集	知识密集
LS	0. 300	0. 462	0. 324
kl（万元/人）	1 771 421	416 814	1 012 517
w（万元/人）	153 969	107 290	128 892
rdi	0. 009	0. 012	0. 013
政府补贴（万元）	2 820	2 270	3 160
ROE	14. 289	11. 937	16. 878
HHI	0. 113	0. 109	0. 111

表 4－5　　服务业收入份额的影响因素（分类型）

	(1) 资本密集	(2) 劳动密集	(3) 知识密集	(4) 民营其他	(5) 中央国有	(6) 地方国有	(7) 外资
lnw	1. 353 *** (0. 026)	1. 876 *** (0. 051)	1. 471 *** (0. 027)	1. 541 *** (0. 036)	1. 519 *** (0. 040)	1. 367 *** (0. 012)	1. 490 *** (0. 043)
lnkl	－0. 019 (0. 015)	0. 003 (0. 014)	－0. 023 ** (0. 010)	－0. 028 * (0. 015)	－0. 008 (0. 023)	－0. 005 (0. 017)	0. 036 ** (0. 019)
lnlp	－1. 263 *** (0. 035)	－1. 774 *** (0. 057)	－1. 360 *** (0. 021)	－1. 403 *** (0. 033)	－1. 429 *** (0. 044)	－1. 285 *** (0. 024)	－1. 443 *** (0. 035)
rdi	0. 680 *** (0. 166)	0. 604 *** (0. 211)	0. 949 *** (0. 221)	0. 882 *** (0. 230)	0. 812 ** (0. 341)	3. 564 *** (1. 146)	2. 190 *** (0. 557)
gov	0. 053 *** (0. 012)	0. 072 *** (0. 012)	0. 072 *** (0. 015)	0. 062 *** (0. 016)	0. 069 *** (0. 025)	0. 021 ** (0. 009)	0. 003 (0. 018)
ROE	－0. 002 (0. 001)	0. 004 (0. 004)	－0. 003 (0. 002)	－0. 008 *** (0. 002)	0. 002 (0. 004)	0. 000 (0. 001)	0. 000 (0. 000)
hhi	－0. 110 *** (0. 025)	－0. 056 ** (0. 023)	－0. 114 *** (0. 025)	－0. 013 (0. 025)	－0. 051 (0. 044)	－0. 118 *** (0. 041)	－0. 036 (0. 118)

续表

	(1) 资本密集	(2) 劳动密集	(3) 知识密集	(4) 民营其他	(5) 中央国有	(6) 地方国有	(7) 外资
地方国有	0.009 (0.016)	0.007 (0.011)	0.002 (0.015)				
集体	0.151 *** (0.057)	0.346 *** (0.131)	0.329 *** (0.082)				
民营其他	-0.011 (0.018)	0.040 *** (0.014)	0.017 (0.017)				
外资	-0.003 (0.024)	0.033 ** (0.015)	0.059 *** (0.016)				
年份	控制	控制	控制	控制	控制	控制	控制
地区	控制	控制	控制	控制	控制	控制	控制
行业	控制	控制	控制	控制	控制	控制	控制
最小特征值	11.625	31.796	89.700	81.117	12.144	79.344	65.928
Observations	1 631	2 993	3 214	3 117	769	2 077	678

注：集体企业样本太少未在内，民营其他包括民营、公众和其他企业。

不同类型的服务业的回归结果，与基本结果的相似和差异点主要有：

（1）劳动对产出贡献越大，提高企业工资水平对改善劳动收入份额的作用越明显。在依赖于普通劳动者的劳动密集型企业和依赖于高技能劳动者的知识密集型企业间，提高平均工资对劳动密集型服务企业影响较大。

（2）在知识密集型企业中，资本密集程度的估计系数为显著负值，在劳动密集和资本密集型企业中，估计系数不显著。这说明，在知识密集型服务业中，资本和劳动的替代弹性大于1，资本和劳动替代性强，低技能的劳动被资本替代可能性大，追加资本非但不能提高还会降低劳动收入份额。

（3）劳动生产率对劳动收入份额具有显著负面影响，影响程度依次是“劳动密集型 > 知识密集型 > 资本密集型”，表明不同类型的服务企业中的技术进步都是资本增强型的。越是劳动密集型的企业，越有可能通过使用新技术和新设备逐渐转型为依赖于资本的企业，从而降低劳动收入份额。

（4）研发强度对劳动收入份额的影响为正，大小依次是“知识密集型 > 资本密集型 > 劳动密集型”。这再次强调了前面的结论：越是依赖高级人力资本和研发创新的企业，劳动收入份额越高。

（5）政府补贴对劳动收入份额的影响为显著的正值。

（6）分类后 ROE 对劳动收入份额的影响不显著，符号也有所变化，说明资产的利润率可能和企业的类型有所关联。

(7) 市场垄断势力对劳动收入份额影响依旧显著为负，在资本密集型和知识密集型服务企业中影响较大，在劳动密集型服务企业中影响较小。这说明劳动密集型服务业的市场竞争较充分，垄断带来的相关利润分配也较少。

(8) 分所有制来看，劳动收入份额较高的是劳动密集和知识密集的集体企业，其次是民营的劳动密集型企业、外资的劳动密集和知识密集型企业。

分所有制来看，虽然资本密集型服务业平均薪酬最高，劳动密集型服务业平均薪酬最低，但劳动密集型服务业劳动收入份额最高，知识密集型服务业次之，资本密集型服务业劳动收入份额最低，在初次分配中最不利于劳动者。具体到表 4 – 5 来看：

(1) 工资水平和劳动生产率的变量对几种所有制企业的影响均显著为正，几种类型的企业差别不大。

(2) 市场垄断程度的变量对不同所有制的企业影响依旧为负，但仅地方国有企业的回归系数具有显著性，表明垄断程度本身和所有制之间就存在关联，削弱了显著性。例如，竞争程度较高的信息传输、软件和信息技术服务业，民营企业占 70% 以上；垄断势力较强的交通运输、仓储和邮政业，民营企业只有不到 20% 。

(3) 因所有制出现变化的几个变量是资本密集度、研发强度、政府补贴和净资产收益率。资本密集度对民营企业的劳动收入份额影响显著为负，对外资企业的影响显著为正。这说明由于技术和行政性进入壁垒及其他各种原因，民营企业与国有企业、外资企业进入的行业差别较大。

(4) 研发强度在地方国有企业和外资企业中，估计系数远高于其他变量。这说明地方国有服务企业和外资服务企业对高技能的研发人员的依赖性较强。

(5) 只有外资企业的政府补贴与劳动收入份额间关系不显著，说明政府在给予外资企业补贴时遵循的原则和内资企业有区别，并不像补贴内资企业一样“扶强”。

(6) 仅有民营及其他企业的盈利显著减少了劳动收入份额。在其他所有制企业中，盈利对劳动收入份额的影响几乎可以忽略。这说明在服务业国有及外资企业中，工资和利润不直接相关，故利润对普通劳动者工资的侵蚀程度较小；而在民营企业中，管理者和资本所有者的收入直接来源于企业利润，因此利润与平均工资存在直接的负向关系。不管如何分类，工资水平、技术进步和研发投入均是影响服务业企业劳动收入份额的三大因素。

五、本章小结

本章运用2007—2016年服务业上市公司的微观数据，从企业层面研究了中国服务业劳动份额的决定因素，发现微观层面的服务业劳动收入份额不仅低于第一产业，也低于制造业，但其劳动收入份额从2007年起是持续上升的。具体到影响服务业劳动收入份额的因素，结果有两点值得关注。第一，服务业中的技术进步偏向于资本。资本密集度和劳动生产率越高的企业，其劳动收入份额越低。目前用先进机器设备代替生产中的劳动要素是我国产业升级的主要特色。我国服务业的效率提升与制造业类似，还是以依赖资本所有的机器设备为主。这种资本偏向型的技术进步能在短期内快速实现增长，但过分依赖资本积累促进增长将使初次分配越来越偏向资本所有者，劳动者和资本所有者的收入差距不断扩大。长期来看，随着边际产出的减少和"天花板"效应的凸显，这种模式将难以为继。让技术进步向劳动倾斜，不仅是提高劳动收入份额、缩小收入差距的需要，也是产业转型发展的需要。在利用资本的同时，也必须重视对劳动的挖掘。第二，服务业中越是创新活动频繁的企业，劳动收入份额越高。人力资本在生产中的贡献越大，劳动者获得的份额就越多。若我国经济从投资驱动的增长转向以知识和人才为依托的创新驱动型增长，将有利于高技能劳动者的劳动报酬和收入份额上升，可能填平一部分要素分配不均产生的收入差距。

在国民收入要素分配中，劳动份额的降低可能会引起收入不均衡的扩大。因此，提高劳动报酬在初次分配中所占的比重是改善居民收入分配的一个重要手段。由本书研究可知，提高服务业劳动收入份额的主要途径：一是放缓资本积累的速度，改善其他要素投入的数量和质量。我国产业升级倾向于重工业化，生产效率的提高依赖于机器设备引进。这种资本偏向型的技术进步使初次分配越来越有利于资本所有者，资本投入的快速增加进一步加剧了劳动收入份额的降低。二是强化劳动者在服务业中的要价能力，具体如提高工人工资、重视人力资本积累、鼓励研发创新等。三是强化市场的竞争程度，放松行政性的进入壁垒，减少行政垄断。

发展服务业是否有利于劳动份额的提高？目前，服务业总体劳动收入份额比制造业略低，比制造业更具备资本密集型的特征。从这个意义上来说，产业结构转型升级可能会在起初表现出对劳动收入份额的不利影响。然而，这个结果不能一概而论。第一，服务业的劳动收入份额在2007年后呈现上升趋势，只要保持这个趋势，那么随着经济服务化的加深，劳动报酬比重应当升高。第二，分类型来看，具有劳动密集、知识密集特征的服务业，劳动收入份额较高，在初次分配时比资本密集型的服务业有利于劳动者。劳动密集型服务业的发展有利于普通劳动者，知识密集型的服务业发展有利于高技能劳动者。这两种服务业的发展，可能会扭转目前初次分配偏向资本的格局。第三，不同所有制的服务企业的发展也可能使初次分配朝着有利于劳动者的方向发展。与制造业不同的是，不同所有制的服务企业差距不大，总体上民营及其他类型的服务企业劳动份额较高。基于这个结论，鼓励服务业民间资本的发展能够更快实现藏富于民的目标。为了达到这个目标，地方政府应该避免为了经济绩效偏向重工业投资的行为，并需要对不同所有制的企业同等看待。

延伸阅读

企业资本密集度相关指标推导

假定企业运用资本K和劳动L进行生产，生产函数Y－F（K，L）。假定完全竞争以及规模报酬不变，则工资w等于劳动的边际产出F_L，租金r等于资本的边际产出F_k。假定单位产出价格为1，企业劳动收入份额表示为：

$$LS=\frac{wL}{PY}=\frac{wL}{wL+rK}=\frac{1}{1+(\frac{K}{L})(\frac{r}{w})} \tag{4-1}$$

为了便于推导，假定CES生产函数：$Y=A\left[\alpha K^{\frac{\sigma-1}{\sigma}}+(1-\alpha)L^{\frac{\sigma-1}{\sigma}}\right]^{\frac{\sigma}{\sigma-1}}$

利润最大化的一阶条件可得：

$$\frac{r}{w}=(\frac{\alpha}{1-\alpha})\left(\frac{K}{L}\right)^{-1/\sigma} \tag{4-2}$$

将式（4－2）带入式（4－1）整理可得：

$$LS=\left[1+\left(\frac{\alpha}{1-\alpha}\right)\left(\frac{K}{L}\right)^{1-\frac{1}{\sigma}}\right]^{-1} \tag{4-3}$$

由式（4－3）可知，$0<\sigma<1$时，K/L增加，LS增加；当$\sigma>1$时，K/L增加，LS减少；当$\sigma=1$时，LS为$1-\alpha$。故K/L的系数能够验证资本和劳动是互补或替代关系。

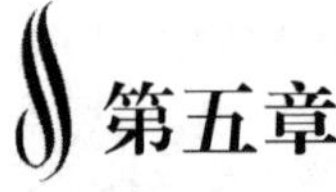

第五章 服务业的双重性与城市居民收入差距：可贸易化和垄断的作用

一、引言

当今世界的经济全球化受挫，贸易保护主义盛行，与经济的长期低迷和财富的不均衡分配有直接的因果关系。更细致深入地分析可以发现，这些现象也跟发达国家经济经济结构的变化尤其是高度服务化密切相关。以服务业为主的产业结构，加剧并助长了这种增长缓慢和分配不均的势头。一是服务业总体的生产率低于制造业，服务业占比增加，往往伴随经济增速减缓。二是从结构性因素看，服务业内部的收入差距，要比制造业更加不均衡。那些新技术运用滞后、不可贸易、生产率较低的传统服务业部门，与装备了新技术、可贸易、生产率较高的现代服务业部门相比较，本来已经存在着较大的行业收入差距，如今在全球化和以信息技术为代表的技术进步的冲击下，这种收入差距更是不断被扩大。

具体说，全球化和技术进步对收入分配的冲击，对不同群体影响各不相同，最终反映在服务业上，成为服务业各部门间收入差距扩大的原因。分人群来看，资本和技术（高技能劳动者）获益，低技能劳动者受损；分行业来看，运用新技术较多较迅速的现代高收入部门获益，运用新技术较少较迟缓的传统低收入部门受损。中国的服务业占比已经超过 50%，而印度、巴西等国的服务业占比甚至高于一些发达国家。在这个前提下，不仅仅是发达国家，发展中国家的收入分配也同样受到影响。即使发展中国家在参与全球分工时受益并因此缩小了和发达国家的收入差距，国内的收入分配也同样趋于恶化。尤其在中国，生产率较高的服务业部门和生产率较低的部门间，往往还存在着垄断与非垄断并存的二元结构，这直接影响到收入差距。服务业的这种特殊二元结构，是分析城市收入不平等必须考虑的重要因素，但过去学界从产业结构视角出发的分析比较少见。

本章聚焦服务业的可贸易性和垄断性的二元结构，考察了可贸易的服务业与不可贸易的服务业的劳动者收入，以及具有垄断、竞争性质的可贸易与不可贸易的服务业劳动者收入，并基于反事实分析的思想，将服务业的特殊性质作为一个整体，研究其对城市居民收入分配的影响。研究发现，服务业的可贸易化和垄断性质是影响城市居民收入差距的重要因素。服务业的可贸易化提高了整体居民的收入水平，但同时产生了一种加大城市内部收入差距的极化效应，从而抬高了中高收入阶层的收入，强化了垄断引起的和中低收入阶层的收入差距。服务业中可贸易的垄断部门和不可贸易的竞争部门因此成为拉大收入差距的两个最主要部门。

二、服务业可贸易化、垄断的收入分配效应：理论分析

（一）服务业可贸易化的背景

一般认为，服务是不可贸易的。传统的服务业因为无形、生产消费不能分割，在跨界贸易时受到时空约束，所以服务的生产和消费是本地化、不可贸易的。然而，在信息技术的支持下，服务业具有强烈的全球化倾向（Hoekman，1997）。只要具备了较少的实地活动、高信息容量、工作流程可网络化三个特征的现代服务业，就可以搭载信息通信技术的快车，远距离连接服务的生产消费，实现可贸易化（Jensen 和 Kletzer，2010）。一个国家的互联网普及率越高，服务贸易的增长速度越高（Freund 和 Weinhold，2002）。在信息化的帮助下，服务的生产可以分离于消费地，也不依赖于固定的地点，大大降低了运输成本，服务不可贸易的特征逐渐被改造成可贸易。

技术革命是服务业实现可贸易的前提，而经济自由化推动了服务贸易的增长。进入 21 世纪后，各国纷纷推进促进贸易自由化、消除管制政策的实施，清理服务贸易发展的体制障碍。服务的无形性这个曾经阻碍服务贸易的因素，现在却变成有利的要素。无形的服务若借助信息技术跨境流动，既不受国界影

响，也不受关税影响，几乎没有任何壁垒。只要制度阻力较小，服务贸易就能够以数倍于货物贸易的速度发展。

服务业可贸易化的加深、服务贸易的增长与服务业的发展三位一体，是技术进步下经济服务化的表现。在具备可贸易的技术基础后，服务业在全球飞速发展，正如 Ghani（2010）所总结的那样，这种发展源于技术进步以及技术改造下具备可运输性和可贸易性的服务。

（二）可贸易化的收入分配效应

服务可贸易化的基础和前提是技术进步。因此可贸易化对收入影响的第一层次，可以分解为技术进步的收入效应和分配效应。技术进步对收入的影响主要在微观层面上得以体现。一是技术进步部门需要高工资的维持（Bartel & Lichtenberg，1991）。二是技术进步的提升效应（Dunne & Schmitz，1995）。在分配效应方面，技能偏向型的技术进步理论认为，新技术，如计算机信息技术的应用，增加了对高技能劳动力的需求，替代了相应环节的低技能劳动力。高技能劳动力的收入上涨，低技能劳动力的收入下降，导致收入差距增加（Acemoglu，2002）。在此类理论基础上，又进一步把工作分为可以被新技术和机器替代的日常工作和不能被替代的非日常工作，日常工作被替代，主要从事日常工作的中间阶层随之缩水，劳动力市场出现极化现象（Autor 等，2003）。

可贸易化对收入影响的第二层次，就必须提到贸易的收入分配效应。在经典的赫克歇尔－俄林定理和斯托珀－萨缪尔森定理（HOSS 定理）的框架下，贸易提升了各国相对充裕的要素的价格，降低了各国相对稀缺的要素的价格。通过出口劳动密集型产品，劳动力丰裕的发展中国家的劳动者工资将会上升，资本所有者收入将会下降，从而不同要素所有者之间的收入差距缩小。如果将不同技能的劳动者考虑进来，结论也是相似的：贸易增加了对低技能劳动者的需求，提升了他们的工资，缩小了收入差距（Wood，1995）。低技能劳动力充裕的发展中国家，无疑是从中受益的。然而，这些理论的预测结果并未得到现实的有力支持。加入全球市场的发展中国家，其收入差距大多与日俱增（Han 等，2012），而研究全球化和收入差距的文献，大部分支持全球化与收入差距正相关的结论（Hanson 和 Harrison，1999；Barro，2000；Ravallion，2001；Goldberg 等，2005；Han 等，2012）。

技术进步和贸易对收入分配的影响不能孤立看待。技术和贸易增长存在交互影响。例如，基于技术进步的贸易增长，天然是技能偏向的。它增加了发展中国家对于高技能劳动力的需求，减少了对低技能劳动力的需求，造成工资分化和收入不平等，违背了 HOSS 定理（Meschi 和 Vivarelli，2009）。因此，本书讨论服务业可贸易化对收入的影响，实质就是在讨论应用新技术的服务业对收入的影响。

（三）垄断的收入分配效应

在讨论服务业的收入差距问题时，不仅需要看到服务业中被技术改造过的现代部门在创造价值时和传统部门的差异，而且还要看到原先扩大收入差距的因素，如行业垄断等，依旧是目前理顺收入分配关系的障碍。垄断行业与非垄断行业间的收入差距是引起我国收入差距的重要原因（任重和周云波，2009；岳希明等，2010；武鹏，2011）。垄断行业通过创造出高于经济利润的租金，引起行业收入的大幅提高。研究服务业中的收入差距，垄断更是不能跳过。我国服务业垄断覆盖的行业多样，垄断形式广泛，除了行政性垄断，还都具有自然垄断的性质。这些高度垄断的部门，通过行政性管制抬高进入壁垒限制竞争，将垄断租金转化为较高的行业工资。同时，服务业中另一部分高度竞争的部门，如住宿、餐饮、批发、零售等，因为竞争压低了利润和收入，与垄断部门的收入差距进一步扩大。这种分割还有不断增强的趋势（Démurger 等，2009）。

三、定义可贸易的服务业

（一）可贸易性的衡量

一直以来，服务业被认为是本地化的、不可贸易的行业，与之相关的服务贸易数据少之又少，最多只有按照国别查到粗略的服务贸易进出口数据。Jensen 和 Kletzer（2005）发明了一种独特的计算服务的可贸易性的方法。服务业的可贸易性指标包括两个部分：一是衡量地理集中的指标，二是表示本地需求的指标，用来修正前者因需求引致的集聚。本章对他们的指标进行了简化，用服务业的集聚程度减去服务业的本地化程度。这个关系式也可以从直觉上理解成，服务业可贸易的程度即服务业的发展程度减去服务业的本地化程度，因为越是本地化的服务业，其可贸易性就越弱。总的发展水平扣去不可贸易服务业的发展水平，剩下的就是可以贸易的服务业的发展水平。

衡量地理的集聚用区位商表示，公式为：

$$S_{ip} = LQ_{ip} = (\frac{x_{ip}}{X_p})/(\frac{X_i}{X})$$

其中，S_{ip}为集聚指数，x_{ip}是 p 地区 i 产业的从业人数，X_p为 p 城市所有产业总从业人数，X_i 是 i 产业在全国的从业人数，X 是全国从业人数。区位商大于 1，意味着 i 产业在 p 地区的比重高于全国平均；反之亦然。区位商值越大，说明该地区该产业越是集中。

Jensen 和 Kletzer 等人为了将不可贸易的服务剥离出来，设计了一种运用投入产出表衡量区域内产业本地需求程度的指标。如果一种不可贸易的服务行业对下游产业提供中间品，则预测这种不可贸易的中间服务行业跟随下游行业的地理分布。可贸易的服务可能跟随收入而分布，不可贸易的服务是与下游行业的需求成比例分布的。因此，p 地区对 i 产业的需求集中率的指标 $IDS_{i,p}$写成矩阵表达为：

$$IDS_p = AE + C_h + C_g$$

其中，$A = \left(\frac{a_{ij}}{b_j}\right)_{n\times n}$，$a_{ij}$为投入 j 部门的 i 部门产品的数量，b_j是部门 i 的总产出，两者相除即为直接消耗系数，A 为直接消耗系数矩阵，使用分省地区投入产出表的数据计算。$E = (e_{1p}, e_{2p}, \cdots, e_{np})'_{n\times 1}$，是就业比重向量，$e_{jp}$为 p 地区 j 部门就业与全国 j 部门就业的比重[①]。各地的投入产出表共 42 个行业，为了以后计算的统一性，按照国民经济行业分类标准将投入产出表合并为 19 个行业，包括服务业的 14 个部门[②]，因此 $n = 19$。$C_h = (c_{1h}, c_{2h}, \cdots, c_{nh})'_{n\times 1}$，$c_{jh}$为 p 地区 j 部门居民消费占比，$C_g = (c_{1g}, c_{2g}, \cdots, c_{ng})'_{n\times 1}$，$c_{jh}$为 p 地区 j 部门政府消费占比。

服务的特殊性是，它可能是被其他行业消耗的中间投入，也可能是被居民或政府消费的最终产品。对于某地区某服务行业的需求，就可以分解为两部

① 就业比重以及投入产出系数均为比值，在一年的跨度内基本变化不大，2007 年的行业就业数据缺乏，在不影响结论的前提下，使用 2008 年的分行业城市单位就业人员数来计算。

② 行业划分参考国民经济行业分类（GB/T 4754－2017）中从 A 到 S 的门类分类，不包括 T 国际组织。

分，即该地区对其作为中间投入的需求，以及该地区对其作为最终消费的需求。上式中，AE 表示的是某地区对某行业的中间需求，即本地下游企业对于作为中间投入的服务的需求；$C_h + C_g$ 表示的是某地区对某行业的最终需求，即政府消费和居民消费之和。这个 IDS 指标综合衡量了服务受到当地生产者和消费者需求影响的程度，故可以看成服务的本地化指数。

用区位商指标衡量服务业地理上的集聚，再将其减去服务业的本地需求率指标，则得到修正后的区位商指标①，它衡量的是服务业的可贸易性：

$$NewLQ_{ip} = LQ_{ip} - IDS_{ip}$$

（二）可贸易的服务业划分

通过 2007 年分地区的投入产出表和各地区统计年鉴，计算得出各地区各服务行业的可贸易程度（修正后的区位商 *NewLQ*）。表 5－1 给出了直辖市的计算结果。之所以这样划分，是因为服务业是依托于城市而生的产业，在城市和非城市地区，服务业的结构和发展程度有很大差异。此外，我国一个省的人口规模远远大于发达国家的城市人口规模，在省内本区域供给就能自己自足，并不需要贸易。

表 5－1　　各直辖市行业可贸易度计算

	北京	上海	天津	重庆
农林牧渔业	0.06	－0.14	－0.04	0.07
采矿业	0.17	0.00	0.79	0.85
制造业	－0.13	0.87	0.83	0.31
电力、燃气及水的生产和供应业	0.39	0.53	0.63	1.00
建筑业	0.61	0.31	0.60	1.92
交通运输、仓储和邮政业	1.55	1.70	1.14	1.06
信息传输、计算机服务和软件业	4.40	1.09	0.92	0.80
批发和零售业	1.71	1.46	1.53	1.07

① Jensen 和 Kletzer（2005）最后使用的是修正后的 EC 指数和空间 Gini 系数衡量行业的分散程度，这两种指标均需要对地区值加总。然而，该研究使用的地区度量单位与我国不同，划分较细。若使用我国分省数据，就会有单位过粗的问题。我国一个省的面积经常大于一小国，省内各产业都有分布和集聚，以省为单位的集聚度已经相当粗糙，再用分省加总后得到的集聚指标，就不能准确反映我国产业集聚的特性。因此，本章使用了无需加总的区位商指标并直接考察城市的集聚程度。

续表

	北京	上海	天津	重庆
住宿和餐饮业	2.77	1.59	1.07	0.86
金融业	1.00	1.53	0.82	1.04
房地产业	3.48	1.90	1.02	1.33
租赁和商务服务业	4.79	2.09	1.59	0.73
科学研究、技术服务和地质勘查业	3.03	2.20	1.37	1.02
水利、环境和公共设施管理业	0.85	0.86	0.99	0.76
居民服务和其他服务业	2.48	2.25	6.75	0.63
教育	0.38	0.26	0.44	0.84
卫生、社会保障和社会福利业	0.46	0.76	0.71	0.75
文化、体育和娱乐业	2.39	0.98	0.67	0.92
公共管理和社会组织	0.23	0.06	0.44	0.31

由表5－1不难发现，这一利用集聚计算可贸易度的指标有一定的缺陷，由于我国直辖城市人口规模过大，即使是可以贸易的行业，只要在城市集聚规模不够，可贸易性就会被极大低估（如出现负值的农林牧渔业和制造业，无疑是可以贸易的）；反之，如果在城市集聚规模过大，可贸易性则会被极大地高估（如房地产业、居民服务和其他服务业）。结合表5－1的数值以及Jensen和Kletzer对不可贸易和可贸易行业的划分，在去掉房地产业、居民服务和其他服务业以后，将“至少在两个城市的可贸易度>1”作为可贸易与不可贸易的划分标准，最终得出服务业可贸易与不可贸易行业（见表5－2）。

表5－2　服务业按可贸易性分类

可贸易	不可贸易
交通运输、仓储和邮政业， 金融业， 租赁和商务服务业， 科学研究、技术服务和地质勘查业、信息传输、计算机服务和软件业， 批发和零售业， 住宿和餐饮业	房地产业， 居民服务和其他服务业， 水利、环境和公共设施管理业， 教育， 卫生、社会保障和社会福利业， 文化、体育和娱乐业， 公共管理和社会组织

与 Jensen 和 Kletzer 的分类不同，传统不可贸易的部门与新技术结合后也可以贸易。本章考虑了批发零售业、住宿餐饮业可能出现的技术进步与服务贸易，并将它们看作可贸易的部门。但是，由于前文的指标设计，某些行业的可贸易程度存在被高估的可能。本章亦计算了可贸易部门分类发生变化时城市居民收入差距的变化，结论不失稳健性①。

四、可贸易的服务业的增长：宏观趋势

配第 - 克拉克定律揭示了一般国家经济发展过程中劳动力变化和产业结构的一般规律——随着人均收入水平的提高，劳动力先从农业转移到制造业，再从制造业转移到服务业。以美国为例，美国在 20 世纪初基本完成了工业化，大部分劳动力已经转移到制造业。第二次世界大战之后，工业占比持续下降，服务业占比持续上升到超过 80%，劳动力从第一、第二产业流入服务业。这个过程也是“去工业化”的过程。高生产率高收入具有可贸易性的服务业和低生产率低收入不可贸易的服务业，吸纳了流进的劳动力，造成服务业收入的两极化，而收入分配相对平均的制造业因为“去工业化”，对美国经济的影响日趋减小，中产阶级萎缩，贫富差距日益扩大，成为“逆全球化”浪潮的动因之一。

我国劳动力虽然不完全依照配第 - 克拉克定律描绘的那样依次转移，但经济的服务化同样使就业两极分化。我国尚未完全完成工业化。根据统计局数据，近 20 年来，我国第二产业增加值占比从未达到过 50%，而截至 2016 年底，第三产业的增加值占比已经达到 51.6%，就业占比 43.5%，不管是就业还是增加值，都是占比最大的行业。在这种背景下，工业化和经济体的服务化是同时进行的。从第一产业转移的劳动力分为两个方向，一部分进入第二产业，另一部分跳过了发达国家起先经历过的工业化过程直接进入服务业。这一情况表现在就业结构上，是服务业的就业比重一直高于第二产业，而且服务业与第二产业就业占比的差距越来越大（见图 5 - 1），从 1995 年的小缺口逐步变化为 2016 年的大缺口。第一产业就业占比不断下降的同时，第二产业的就

① 结论根据可贸易行业定义的三种分类计算：分类 1，表 5 - 2 的分类；分类 2，可贸易行业删除了批发零售业、住宿餐饮业；分类 3，根据表 5 - 1 得出的结果分类，即在分类 1 基础上，可贸易行业增加了房地产业、居民生活服务业。计算结果受篇幅所限予以省略。

业比重从2012年起由增势变为降势，表明服务业中吸收的第一产业流出的劳动力逐渐多于第二产业。

图5-1把各产业的城镇单位就业水平转换为增长率，也反映了这种劳动力转移的趋势。第一产业劳动力增长率持续是负数，第二产业的增长率一直较低，只有服务业保持了长期较高的增长率，说明劳动力正从第一产业转移到其他产业，其中又以服务业为主要转移对象。这些转移到服务业的劳动力，由于种种限制，首先只能进入壁垒较低、低收入的服务业。农村劳动力的移动，客观上提高了原本从事第一产业的劳动力的收入，但另一方面加剧了城市内的不均衡。低技能劳动力从事的服务业就业增长快，所占比重大；另一类型的服务业，进入壁垒高，吸纳劳动力的能力差，单位劳动创造的产出多，行业收入高，财富集中性强。由不均衡的计算公式可知，如果相对于其他群体，一个群体所占比重较小，但收入较高、就业增长较快，那么较多的财富被少数人占有，于是这个群体的增长将加大总体的收入差距；同理，一个就业增长较快的群体如果收入较低，也会加大总体的收入差距。农村的剩余劳动力一般进入低收入的服务业，和第二产业相比，工资往往更低（如2016年制造业城镇单位就业人员平均工资为59 470元，采矿业60 544元，而住宿和餐饮业、居民服务和其他服务业分别是43 382元和47 577元），因此增长较快的低收入部门比增长较快的高收入部门引起的城市间收入不均衡可能更加严重。

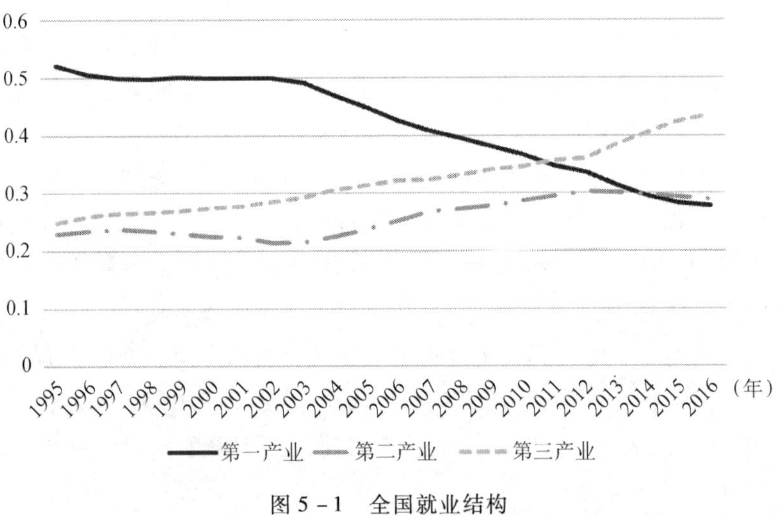

图5-1 全国就业结构

利用前文的计算结果，将服务业各部门按照可贸易和不可贸易的性质划分，可以清楚地看见各部门的不均衡增长。可贸易的服务业占比不断上升，不可贸易的服务业占比不断下降。服务由不可贸易到可贸易的性质改变，降低了服务运输的成本，是实现行业快速增长的基础。2003—2011 年，可贸易的服务业相对不可贸易的服务业增长差异尚不明显。起先，不可贸易的服务业增长速度还略快；自 2007 年后，可贸易的服务业就业增速超过不可贸易的服务业；2011 年后，服务业内部出现了迅速和激烈的分化。2011—2013 年，可贸易的服务业就业增长率突破 10%，达到 14.05%。平均下来，2011—2016 年，可贸易的服务业就业增长率是不可贸易的服务业就业增长率的 2 倍左右。在结构上，早期吸纳服务业就业的主体仍然是不可贸易的服务业，可贸易的服务业占比直到 2013 年才突破 40%（见图 5－2）。随着可贸易服务业的增长加速，只要它和不可贸易的服务业的收入存在显著差距，都会扩大城市内的收入不均衡。

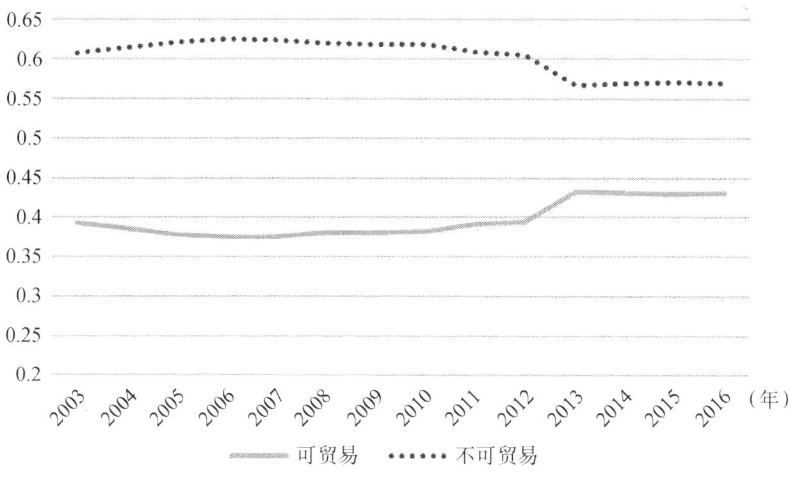

图 5－2 服务业就业结构

五、可贸易的服务业与城市居民收入差距

（一）可贸易与不可贸易服务业的特征

本章数据源自中国家庭收入调查（CHIP）的城市居民部分，包括 2007

年、2013 年[①]这两个年份，并涉及了城市家庭和流动人口家庭。收入定义为包括工资、奖金、津贴和实物折现的总和的月收入，“城市人口的收入 = 当年全年收入/12”，流动人口的收入为每月总收入。使用的样本删除了缺失数据，为所有正在工作的非第一产业就业的人口样本。表 5 - 3 报告了两类服务业的统计描述结果、收入均值和两项不均等指标。单从这两年的样本看，2013 年的不均等情况好于 2007 年。

表 5 - 3 各类服务业统计性描述

	全体居民		服务业			不可贸易的服务业		可贸易的服务业	
	2007 年	2013 年	2007 年	2013 年		2007 年	2013 年	2007 年	2013 年
基尼系数	0.382	0.373	0.382	0.372	基尼系数	0.363	0.354	0.396	0.388
GE (1)	0.281	0.253	0.281	0.253	GE (1)	0.221	0.214	0.327	0.288
年龄	40.49	41.098	40.03	40.85	年龄	41.39	41.92	38.89	39.8
受教育年限	12.18	11.39	12.27	11.68	受教育年限	12.69	12.26	11.92	11.1
男性	58.00%	56.00%	54.66%	52.25%	男性	51.97%	52.26%	56.88%	52.24%
月收入	2 340.51	3 166.93	2 340.51	3 166.91	月收入	2 261.19	3 063.15	2 406.32	3 269.28

城市经济发展的载体是服务业。数值上，全体城市居民和从事服务业的居民内部的不平等程度用基尼系数和 GE（1）指数（一阶泰尔指数）衡量极为接近，因此基本可将城市内部收入的不平等看成服务业内部收入的不平等。可贸易的服务业比不可贸易的服务业有着更高的内部分化程度和收入差距。从收入水平来看，不可贸易的服务业和可贸易的服务业确实有一定的差异，可贸易的服务业的月收入高于不可贸易的服务业 6%—7%。收入差距方面，可贸易的服务业基尼系数分别为 0.396 和 0.388，GE（1）指数为 0.327 和 0.288，收入差距最大，总样本次之，不可贸易的服务业最低。

个体特征方面，可贸易的服务业和不可贸易的服务业，在性别比例一项上差距不显著。在年龄和受教育年限上，可贸易的服务业从业者年纪较轻，受教育程度较低，不可贸易的服务业从业者受教育程度最高，收入差距最低。因为不可贸易的服务业中包括了大量公共部门，这些部门的人力资本水平较高，工资分布较为平均。对比之下，可贸易的服务业收入较高，但由于与公共部门不

① 在定义服务业可贸易行业时使用的是 2007 年投入产出表，因此仅使用 2007 年以后的数据。使用较早年份的数据可能使可贸易的行业范围变小。

同的薪资决定制度，内部分化程度也更高。按此特征，未来可贸易的服务业的发展，将会拉大与其他行业的收入差距，并且使个体的收入差距进一步增大。

图5－3、图5－4用Epanechnikov核密度估计了城市全体居民、服务业、可贸易和不可贸易的服务业的收入分布曲线。从整体形态来看，城市居民的收入分布曲线与服务业的收入分布曲线基本重合，为左偏的长尾，意味着平均收入小于收入的中位数，中低收入阶层比重偏大。它的形状既不是期望中理想的“橄榄型”，也不是类似发达国家的中间凹陷的“M型”。分类型来看，不可贸易的服务业的收入分布曲线相对较为平滑，说明不可贸易的服务业收入不平等程度较低。可贸易的服务业的收入分布曲线与不可贸易的服务业的收入分布曲线主要在中段和低段（6 000元以下）存在差异，在较高的收入区间（6 000元以上），两者的分布曲线并未有显著差异。从时间趋势来看，2007年的图形分布集中在左端，为单峰形，2013年的图形峰值右移，表明整体收入水平增加，分布密度有分散化和多峰化趋势。可见，服务业的增长伴随着各部门不均衡发展，已经反映在收入分布曲线的形态上。

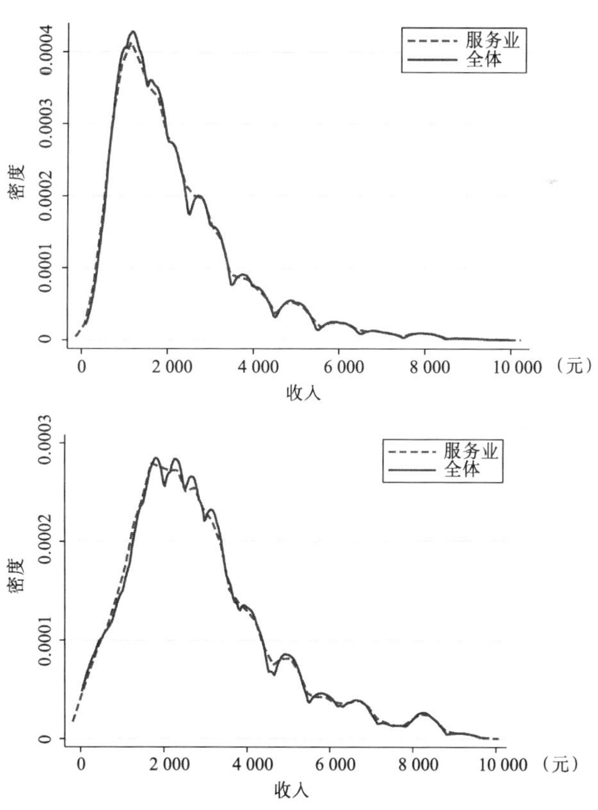

图5－3　2007年与2013年城市居民收入分布

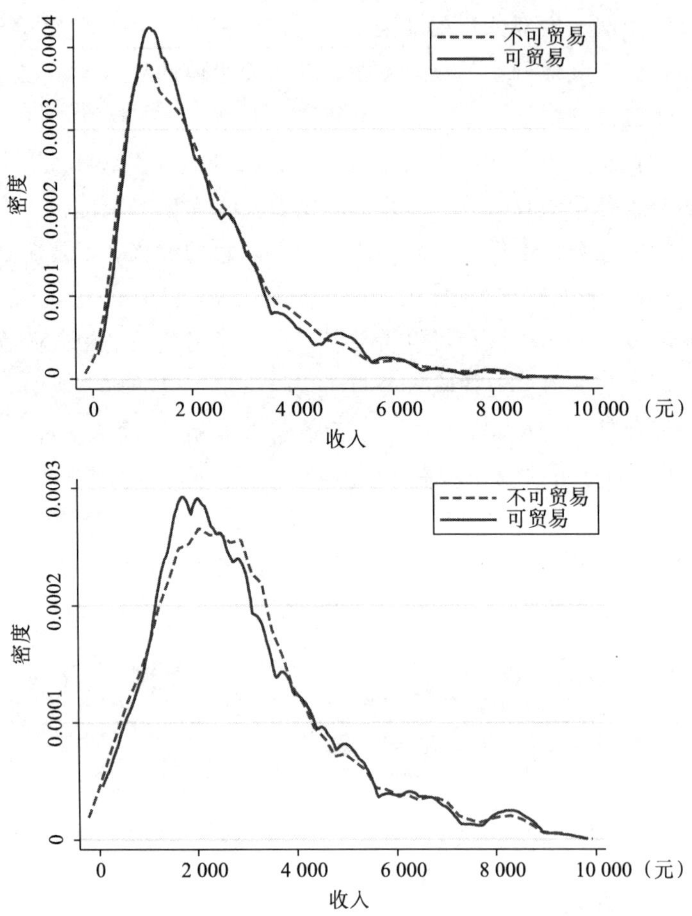

图 5-4　2007 年与 2013 年服务业分类收入分布

（二）基本收入差距分析

为了了解可贸易的服务业和不可贸易的服务业的收入差异，首先估计两类服务业的收入方程（见表 5-4）。回归方程为半对数的明瑟收入方程：

$$\ln y_i = x_i{}'\beta + \varepsilon_i \quad (5-1)$$

其中，i 表示个人，y 表示前文所定义的收入，x 是文献中被广泛使用的人力资本、行业特征、职业、所有制和地理位置的城市虚拟变量等解释变量和常数项组成的向量，$x=(1\ x_{i1}x_{i2}\cdots x_{ik})'$。不可贸易的服务业作为参照组。

表 5-4 收入方程

	服务业		总样本	
变量	2007 年	2013 年	2007 年	2013 年
性别	0.206*** (0.017)	0.272*** (0.016)	0.242*** (0.014)	0.289*** (0.014)
年龄	0.044*** (0.007)	0.090*** (0.006)	0.046*** (0.006)	0.092*** (0.005)
年龄平方	-0.001*** (0.000)	-0.001*** (0.000)	-0.001*** (0.000)	-0.001*** (0.000)
教育年限	0.044*** (0.003)	0.046*** (0.003)	0.038*** (0.005)	0.045*** (0.003)
可贸易	0.132*** (0.020)	0.113*** (0.022)	0.056*** (0.016)	0.039** (0.017)
所有制	Yes	Yes	Yes	Yes
职业	Yes	Yes	Yes	Yes
城市	Yes	Yes	Yes	Yes
常数项	6.363*** (0.150)	5.506*** (0.140)	6.431*** (0.148)	5.483*** (0.122)
样本数	4 812	7 923	6 693	10 978
R-squared	0.360	0.334	0.350	0.333

注：括号内为估计系数的标准误差，“*”“**”“***”分别表示在10%、5%、1%水平上显著。其余回归表格皆同此表。

由表5-4服务业和总样本的回归结果可知，在服务业中，可贸易的行业与收入水平的关系非常明显。可贸易的服务业的收入总是高于不可贸易的服务业收入。在包括了制造业及其他第二产业的总样本中，可贸易性对收入的影响有所缩小。可见，虽然行业对收入的影响逐渐变小，但行业间的收入差距还是影响城市居民收入的主要因素之一。

（三）可贸易的服务业的反事实模拟分析

在收入方程回归的基础上，利用反事实方法预测可贸易的部门收入。假定可贸易部门的报酬率与不可贸易部门群体的报酬率一致，观察收入水平与实际收入水平的差异，再通过计算各种不平等指标，就可以得到可贸易化对不平等的影响。

根据式（5－1）分别对可贸易和不可贸易服务业的群体进行回归分析，则估计可贸易部门的反事实收入为：

$$ln\hat{y}_{Ti} = x'_{Ti}\hat{\beta}_{NTi} \quad (5-2)$$

其中，T为可贸易部门，NT为不可贸易部门。

图5－5为反事实模拟分布与实际收入分布的核密度估计图。以是否大于实际的收入分布密度为准，反事实模拟的结果可以分为三个阶段：一是反事实收入大于实际收入。该阶段集中于中低收入区间，说明在该区间，不可贸易的服务业的报酬率高于可贸易的服务业的报酬率。二是反事实收入分布与实际分布接近。在低、中、高收入区间，反事实收入和实际收入各有一小段重合。三是反事实收入小于实际收入。该阶段集中在中高收入区间。2007年，这个区间的左端在略大于2 000元处，2013年，区间左端右移到略小于4 000元处。这说明在该区间，可贸易的服务业的报酬率高于不可贸易的服务业的报酬率，但这个阶段覆盖的面积仅仅是右边较瘦小的拖尾。由此可见，利用不可贸易的部门报酬率来预测可贸易的部门个体收入水平，其结果并不必然降低；可贸易的部门报酬率并不必然高于不可贸易的部门。某些收入较低的可贸易部门，其报酬率低于不可贸易的部门（主要是公共部门）[①]。

为了从整体上考虑可贸易的服务业带来的收入均衡加剧，表5－5计算了反事实模拟的结果。在可贸易的服务业中，平均收入水平下降了22.33%和18.96%，全体城市居民的平均收入下降9%和7.05%；可贸易的服务业内部基尼系数下降了34.09%和27.58%，全体城市居民内部的基尼系数下降了10.99%和8.6%。这说明可贸易的服务业与不可贸易的服务业扩大行业和城市内的收入差距的情况确实存在，从城市居民收入差距这一项来看，可贸易的服务业大约贡献了8—10个百分点的收入差距。泰尔T指数比之基尼系数对上层收入水平的变化更敏感，表5－5以GE（1）计算的结果变化幅度更加剧烈，说明可贸易的服务业对中高收入群体收入的分化影响较大。从图5－5来看，反事实模拟后的中高收入群体收入减少，中低收入群体收入增加，类似削峰填谷的作用，降低了收入不平等程度。反过来看，可贸易化进程中可能发生了一

① 一个可能是，有其他影响收入和报酬率的因素没有被分离出来，本章第六部分考虑了这些因素。另一个可能是，这些可贸易部门可能是收入较低、竞争激烈的劳动密集型服务业，在稳健性检验中，本书考虑了将这类部门列为不可贸易部门的结果。

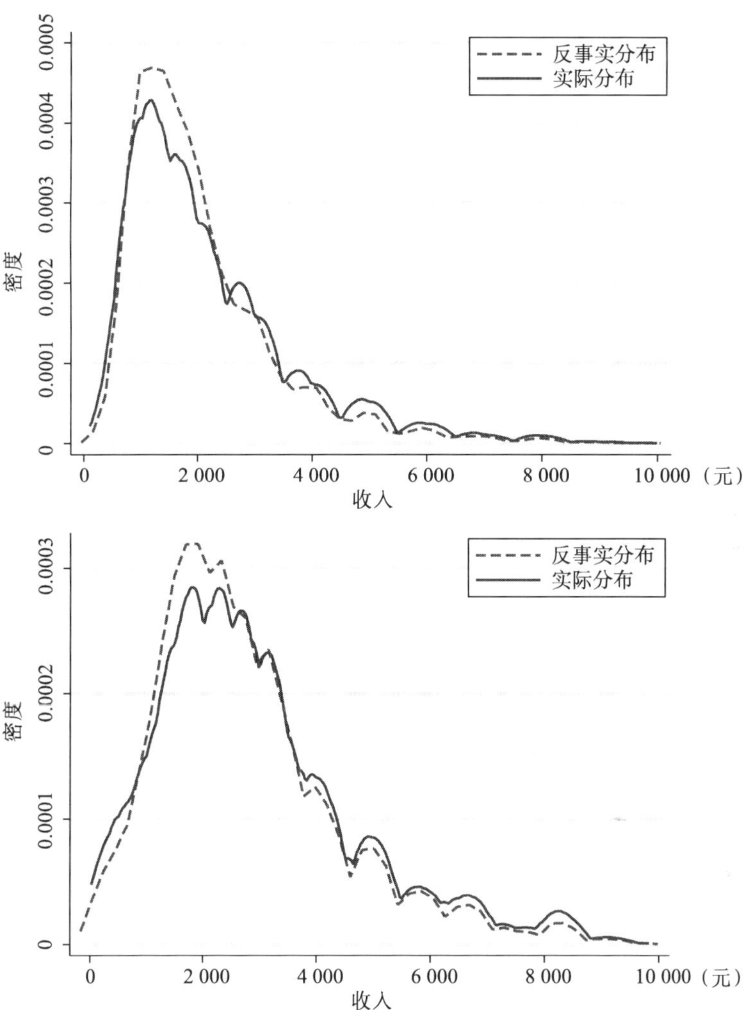

图 5－5　2007 年与 2013 年服务业反事实收入分布图

种加速内部收入分化的极化效应。比如，要素的自由流动使财富向少数人集中的过程变快，同时低收入群体面临更加激烈的竞争，压低了其收入水平和与高收入群体的差距。

表 5－5　　反事实分析

2007 年	全体	可贸易的服务业
基尼系数	0.34 （－10.99%）	0.261 （－34.09%）

续表

2007 年	全体	可贸易的服务业
GE（1）	0.212 （-24.55%）	0.12 （-63.30%）
月收入	2 135.93 （-9.00%）	1 868.94 （-22.33%）
2013 年	全体	可贸易的服务业
基尼系数	0.341 （-8.60%）	0.281 （-27.58%）
GE（1）	0.22 （-18.97%）	0.13 （-54.86%）
月收入	2 962.83 （-7.05%）	2 649.52 （-18.96%）

注：括号内为相对于事实数据（表 5-3）的变化幅度。

六、双重性的服务业及其增长：宏观趋势

第四部分仅讨论了服务业的可贸易化这一特征。如果某个可贸易的行业同时具备了其他对行业收入影响较大的特征，那么这些特征的影响就很难被分离出来。大量研究行业收入差距的文献将垄断与非垄断行业之间的分割看成影响收入分配的首要因素（Démurger 等，2009；陈钊等，2010）。我国的服务业中包括了大量垄断部门，如交通运输、仓储和邮政业，金融业等，明显具有可贸易和垄断的双重特征。垄断是否强化了可贸易部门与不可贸易部门的收入差距？可贸易化和垄断，哪个对行业收入的影响更大？在前文的基础上，我们根据竞争程度的大小，继续将服务业简单分成垄断和竞争两种（见表 5-6）①，并给出相应的统计描述（见表 5-7）和核密度分布图（图 5-6）。

① 垄断采用简单的划分，主要考虑行政性垄断，如行业国有集体单位就业占城市单位就业比重大于 50%，则定义为垄断行业。本书分类根据 2007 年数据计算。第一、二产业中垄断部门为第一产业、电力、燃气及水的生产和供应业。竞争型服务业为：信息传输、计算机服务和软件业，批发和零售业，住宿和餐饮业、房地产业，居民服务和其他服务业。其余为垄断型服务业。

表 5－6　服务业分类（四分）

	可贸易	不可贸易
垄断	交通运输、仓储和邮政业， 金融业， 租赁和商务服务业， 科学研究、技术服务和地质勘查业	水利、环境和公共设施管理业， 教育， 卫生、社会保障和社会福利业， 文化、体育和娱乐业， 公共管理和社会组织
竞争	信息传输、计算机服务和软件业， 批发和零售业，住宿和餐饮业	房地产业， 居民服务和其他服务业

表 5－7　各类服务业统计性描述（四分）

2007 年	垄断 可贸易	垄断 不可贸易	竞争 可贸易	竞争 不可贸易
基尼系数	0.358	0.329	0.429	0.386
GE（1）	0.247	0.18	0.403	0.271
月收入	2 449.34	2 575.81	2 310.92	1 966.98
2013 年	垄断 可贸易	垄断 不可贸易	竞争 可贸易	竞争 不可贸易
基尼系数	0.37	0.325	0.395	0.382
GE（1）	0.277	0.182	0.289	0.255
月收入	3 371.62	3 416.43	3 081.82	2 953.49

根据表 5－7，具有垄断特征的部门收入整体上高于具有可贸易特征的部门收入。在垄断部门中，不可贸易的垄断部门收入大于可贸易的垄断部门；在竞争部门中，可贸易的竞争部门收入大于不可贸易的竞争部门。其中，不可贸易的竞争部门与其他部门的收入差别最大：不仅平均收入水平最低，还以左偏高耸的单峰形态显著区别于其他部门的收入分布曲线，具有相当大的内部差距（基尼系数均接近 0.4）。部门收入分化现象突出的是可贸易的竞争部门，2007 年的基尼系数和泰尔 T 指数均超过了 0.4，2013 年不均衡程度有所减缓，但依然为所有部门中最高。从核密度分布图来看，不可贸易的竞争部门在两张图中与其他部门明显不同，剩下三个部门的分布曲线在 2007 年图中有所区别，但 2013 年后，收入分布曲线逐渐重合，表明三个部门间的收入差距在缩小。由统计性描述可知，垄断部门和竞争部门有着明显不同的收入分配方式，竞争部

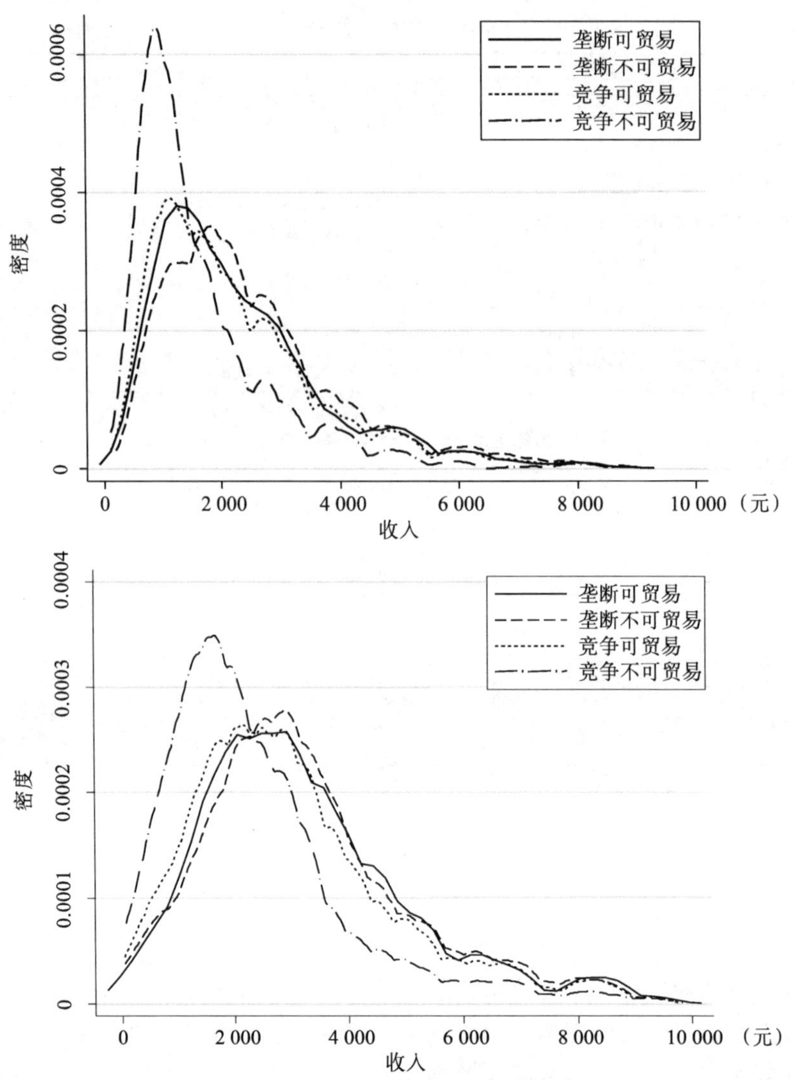

图 5－6　2007 年和 2013 年服务业收入分布（四分）

门相比垄断部门，收入水平低，收入差距大。进一步细分，不可贸易的垄断部门（主要为公共服务业）又和可贸易的垄断部门（主要为生产者服务业）的工资决定机制有差异，因此与前文分析相反，不可贸易的垄断部门的收入水平最高，高于可贸易的垄断部门。这表明没有控制其他因素时，垄断对于收入的影响大于可贸易化的影响。

按照垄断和贸易性的四分服务业，不均衡增长现象就更加突出了。图 5－3 中四种行业构成了四条几乎完全平行的直线。从就业扩张速度看，可贸易的服务业行业，不管是垄断的还是竞争的，2011—2013 年、2013—2015 年的就业增速均在 10% 以上（见表 5－8）。不可贸易的垄断服务业行业多是公共部门，虽然绝对占比和收入水平高（见图 5－7），但就业增长和占比不断下降，行业收入也遵循非市场定价的工资机制，短期内已有的收入差距不会增大。不可贸易的竞争的服务业，从 2003 年起，其两年年均增长率在所有行业间就一直最高，2011 年后更是突破了 20%，显示出极高的扩张潜能（见表 5－8）。从收入水平看，根据第四部分的分析，不可贸易的竞争的服务业又一直是所有行业中最低的。它和收入水平最高的可贸易的垄断服务业的快速增长，无疑将使顶部收入和底部收入群体增加。两种类型行业悬殊的就业比重、收入差距，又复杂化了城市内的收入分配态势。服务业内部的不均衡随着经济服务化强化了城市收入的不平等，成为逆全球化背景下我国服务业影响城市居民收入分配格局的特殊机制。

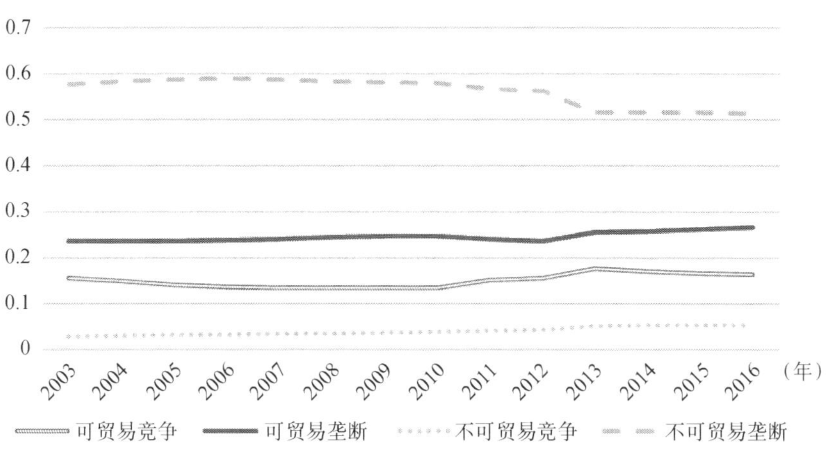

图 5－7 服务业就业结构（四分）

表 5－8 各行业城镇单位平均就业几何增长率

全国	2003—2005 年	2005—2007 年	2007—2009 年	2009—2011 年	2011—2013 年	2013—2015 年	2003—2008 年	2011—2016 年
第一产业	-4.02%	-2.27%	-6.12%	-2.18%	-9.44%	-8.36%	-3.28%	-6.05%
第二产业	1.76%	2.43%	2.07%	0.51%	-0.19%	1.43%	1.37%	3.66%
服务业	1.06%	1.92%	3.35%	4.59%	8.54%	7.43%	1.78%	2.12%
#服务业								
可贸易	-0.81%	1.56%	4.11%	5.97%	14.07%	12.20%	1.11%	6.60%

续表

全国	2003—2005 年	2005—2007 年	2007—2009 年	2009—2011 年	2011—2013 年	2013—2015 年	2003—2008 年	2011—2016 年
不可贸易	2.26%	2.13%	2.88%	3.72%	4.82%	4.20%	2.21%	3.20%
可贸易竞争	-3.42%	-0.73%	3.14%	10.91%	17.49%	12.35%	-1.11%	6.47%
可贸易垄断	0.86%	2.92%	4.65%	3.19%	11.86%	12.11%	2.47%	6.68%
不可贸易竞争	7.63%	5.70%	5.60%	11.14%	20.25%	19.25%	5.79%	10.45%
不可贸易垄断	1.98%	1.93%	2.72%	3.23%	3.58%	2.94%	2.01%	2.57%

七、双重性的服务业与城市居民收入差距

（一）基本收入差距分析

控制了影响因素并引入可贸易化和垄断的交叉项，回归得出表5-9。在服务业中，不可贸易的垄断部门收入水平最高，然而考虑个体特征后，部门收入水平大幅下降，只能排到第三位，回归系数略小于可贸易的竞争部门。加入交叉项的结果表明，可贸易化强化了垄断部门本身具有的工资溢价效应。2007年，以不可贸易的竞争部门为参照组，服务业中可贸易的垄断部门收入最高，约高出参照组25.9%，总样本中也高出参照组19.1%。随着时间推移，2013年，可贸易化对收入的溢价效应大幅增加，垄断部门相对于其他部门的收入优势在缩水。例如，2013年不可贸易的垄断部门对收入的影响已经不再显著。回归系数显著的部门均为可贸易部门。

表5-9　收入方程

	服务业		总样本	
变量	2007 年	2013 年	2007 年	2013 年
性别	0.207*** (0.017)	0.271*** (0.016)	0.243*** (0.014)	0.289*** (0.014)
年龄	0.044*** -0.007	0.091*** -0.006	0.045*** (0.006)	0.092*** (0.005)
年龄平方	-0.001*** (0.000)	-0.001*** (0.000)	-0.001*** (0.000)	-0.001*** (0.000)

续表

变量	服务业		总样本	
	2007 年	2013 年	2007 年	2013 年
受教育年限	0.042*** (0.003)	0.046*** (0.003)	0.037*** (0.005)	0.045*** (0.003)
可贸易垄断	0.259*** (0.028)	0.149*** (0.030)	0.191*** (0.024)	0.056** (0.025)
不可贸易垄断	0.177*** (0.028)	0.063** (0.032)	0.150*** (0.024)	0.016 (0.027)
可贸易竞争	0.178*** (0.029)	0.130*** (0.028)	0.091*** (0.022)	0.040* (0.021)
所有制	Yes	Yes	Yes	Yes
职业	Yes	Yes	Yes	Yes
城市	Yes	Yes	Yes	Yes
常数项	6.237*** (0.150)	5.444*** (0.145)	6.326*** (0.145)	5.467*** (0.126)
样本数	4 812	7 923	6 693	10 978
R - squared	0.366	0.334	0.357	0.333

（二）双重性对城市居民收入差距影响的反事实模拟分析

根据前文结论，可贸易的垄断部门、不可贸易的竞争部门是服务业乃至总体中收入差距较为突出的两个部门。随后的三组反事实模拟分析考虑了三种情况（见表 5-10）：一是假定垄断部门群体的报酬率与非垄断部门一致；二是假定可贸易的垄断部门群体的报酬率与其余群体一致；三是假定从事不可贸易的竞争部门的群体的报酬率与其余群体一致。计算得出三种情况对城市内收入不平等的影响，总结为表 5-10。

表 5-10 反事实分析

2007 年	反事实分析 1	反事实分析 2	反事实分析 3
基尼系数	0.341 (-10.73%)	0.365 (-4.45%)	0.36 (-5.76%)
GE（1）	0.241 (-14.23%)	0.259 (-7.83%)	0.254 (-9.61%)
月收入	2 035.89 (-13.26%)	2 239.50 (-4.32%)	2 336.32 (-0.46%)

续表

2013 年	反事实分析 1	反事实分析 2	反事实分析 3
基尼系数	0.337 （-8.04%）	0.354 （-5.09%）	0.354 （-5.09%）
GE（1）	0.223 （-17.79%）	0.214 （-15.42%）	0.237 （-12.25%）
月收入	2 895.68 （-9.16%）	3 076.33 （-2.86%）	3 052.65 （-4.23%）

注：括号内为相对于事实数据（表 5.3）的变化程度。

从表 5-10 不难看出，垄断部门对城市居民收入差距的影响不亚于可贸易部门对收入差距的影响。去除垄断部门的影响后，反事实模拟 1 中，城市居民收入差距的基尼系数下降了 10.73% 和 8.04%，泰尔 T 指数下降了 14.23% 和 17.79%，平均月收入下降了 13.26% 和 9.16%。由图 5-8 可知，相比实际收入分布，“反事实分布 1”在中等收入区间的分布曲线有了明显突起，在高收入区间的分布密度低于实际收入分布曲线。可见，垄断部门由于存在较大比例的高收入人群，加剧了城市内收入的不均衡。与可贸易部门的影响比较，两者从数值上来看不存在显著的差异，只是可贸易的部门对城市居民收入差距的影响稍大，垄断部门对城市居民的收入水平影响稍大。这说明垄断部门平均收入偏高且整齐，可贸易的部门中有一定的收入分化现象，并从整体上拉低了平均收入。

反事实模拟分析 2 和 3 的结果均表明，可贸易的垄断部门和不可贸易的竞争部门都是引起城市居民收入差距扩大的因素，其幅度大约有 4%—5%。从分布图来看（见图 5-8），反事实分布 3 在高收入区间的分布曲线与实际曲线基本一致，反事实分布 2 在高收入区间的分布曲线略低于实际曲线，说明可贸易的垄断部门的高收入个体较多，而不可贸易的竞争部门的高收入个体较少。因此，对可贸易的垄断部门进行反事实模拟后，平均月收入下降。然而，对收入水平最低的不可贸易的竞争部门，按照其他群体的报酬率进行反事实模拟后，最终得出的平均月收入不仅没有上升，比实际水平还略有下降，说明该群体收入偏低较主要的原因可能是个人禀赋差异产生的内部分化。个人禀赋改变速度较慢，随着其他部门的发展，这个群体与其他群体的收入差距可能会继续扩大，需要引起重视。

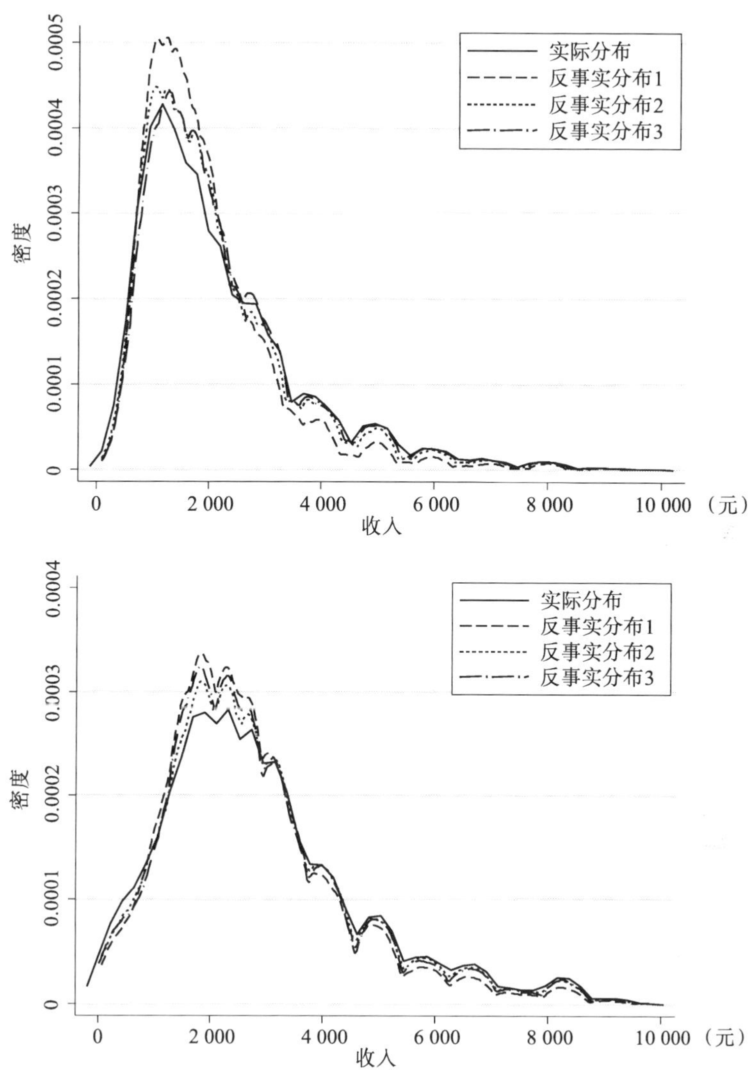

图 5－8　2007 年和 2013 年的反事实收入分布

八、本章小结

受经济服务化和自由贸易的影响，收入分配格局恶化。以服务业为主的产业结构放大了收入的不平等，使全球化遭遇了更多阻力。在新技术的作用下，原本不可贸易的服务业变得可以贸易，带来了运用新技术的、可贸易的服务业的飞速增长。它与传统的不可贸易的服务业的行业间不断扩大的收入差距和不均衡增长，是居民收入差距的重要影响因素。

本章首先计算了服务业的可贸易程度并定义了可贸易的服务业，随后利用2007年和2013年的CHIP调查数据，基于反事实思想将可贸易的服务业以及具有垄断、可贸易的双重特性的服务业作为一个整体来研究它对城市收入差距的影响。利用回归结果的分析表明，可贸易的服务业收入水平高，内部收入差距大。可贸易的服务业的收入比不可贸易的服务业约高10%左右。借助反事实分析发现，可贸易的服务业部门大约占城市收入差距的8%—10%。在考虑了市场的分割效应后我们发现，可贸易化强化了垄断引起的分割效应，服务业中可贸易的垄断部门与不可贸易的竞争部门的收入差距最为悬殊，可贸易的垄断部门收入最高，不可贸易的竞争部门收入最低。它们之间存在明显的市场分割，并分别占城市收入差距的4%—5%。随着可贸易的行业变多，对总体城市居民收入不平等的影响也将随之变大。总之，可贸易的服务业增加有利于整体收入水平上升，但同时可贸易化也使城市内部收入差距加大。它增加了中高收入阶层的收入，与垄断部门的市场分割效应一起，压缩了与中低收入阶层的相对收入，复杂了目前的收入分配态势。

服务业发展和全球化过程中对居民收入的“双刃剑”效应让我们看到片面追求服务业占比增加和当前经济发展模式的局限。随着服务业各部门的发展，我国城市收入分布曲线从左偏逐渐向分散化和多峰化演变。呈现左偏的形态，说明底层大、中间弱是当前城市收入分布的特征。这种结构特征并不利于改善未来的收入差距。一方面，不可贸易的竞争性服务业部门吸收了大部分中低收入阶层的劳动力。这类服务业属于低技能的劳动密集行业，劳动者的工资和人力资本水平较低，在短期内迅速提高的可能性较小。随着其他行业的发展，它们与其他部门的收入差距还会继续扩大。另一方面，作为吸纳农村劳动力转移的主要产业，不可贸易的竞争性服务业部门就业增长快、所占比重大、收入水平最低，意味着占比较大的群体只占有了小部分财富，不均衡程度上升。收入较高的可贸易的服务业的增长速度通常高于不可贸易的服务业，其增长也伴随着收入差距的扩大。服务业这种二元结构可能带来一种财富差距更加悬殊的收入分配格局。我们的研究说明，改善这种收入分配格局的重点不是遏制可贸易的行业发展，而是需要“填谷”，即增加那些从事劳动密集型服务业，同时也是不可贸易的竞争性服务业部门的中低收入阶层的收入，给予其各种政策扶助和技能培训，使其逐渐向中等收入阶层转化。

第六章 服务业集聚与城市居民收入差距

一、引言

自2011年以来，我国城镇化水平超过50%并不断上升，城镇居民收入差距对于国民收入分配的意义就越来越重要。伴随着城镇化进程的加速推进，城市中以服务业为主体的产业格局的形成。服务业已经是吸纳我国劳动力的第一大产业。2013年，我国第三产业占总就业比重的38.5%，高于第一产业和第二产业。就业结构的改变必将带来收入结构的改变。我国服务业的发展是否会影响城镇居民的收入分配？尚未有基于微观数据基础的文献对此进行分析。

作为改革的焦点领域，研究收入分配的文献浩如烟海。与国民、地区、城乡间的收入差距相比，对城镇居民内部收入差距的研究没有得到太多重视，观察视角主要有两种：一种是从个体特征（如教育、户口、性别等）和行业差距（如各种垄断）出发，研究它们对于劳动者收入的影响（陈斌开等，2009；陈钊等，2010；武鹏，2011）；另一种是从产业结构角度研究城镇居民内部收入差距。此外，我国研究服务业的文献，主要是强调服务业和城市化对城市效率和带来的影响，很少考虑它对收入差距的影响。实践上，从产业发展视角回答这个问题，有很强的政策意义：服务业是目前，更是未来影响城市居民初次收入分配的主要产业。由于二次分配制度还不完善，一直以来我国收入分配不均的情况主要发生在初次分配阶段，但目前初次分配阶段研究和政策的重点在缩小垄断行业和其他行业收入差距方面，这在短期内很难操作。如果认识到初次分配阶段产业政策的重要性，那么在初次分配阶段用政策加以调节，将能够有效控制初次分配时的收入不平等，降低二次分配阶段政策的成本。

服务业发展对城市居民收入分配的影响有两个渠道。第一个渠道是服务业的收入效应。由于服务业的劳动收入占比高于制造业的劳动收入占比，服务业就业比重提升可使一般劳动者收入增加，提高劳动收入占比，从宏观上减少了收入差距。对照我国经济数据，这个作用是可能存在的，1995 年以来，我国每年的 GDP 中，劳动收入所占的份额基本上呈下降趋势，服务业占比徘徊不前。与此同时，每年的 GINI 系数越来越大。第二个渠道是服务业的结构效应。我国服务业呈现高度的二元结构，这主要表现在垄断性部门和竞争性部门并存，以及知识密集型部门和劳动密集型部门并存。垄断性部门、知识密集型部门和国际化的部门，高生产率、高报酬等特征对应，而那些竞争性部门、劳动密集型部门，又往往具有低报酬的特征。国外的经验已经表明，由于低附加值服务业收入水平与金融等高端服务业相距甚远，一国进入服务经济的阶段后，随着服务业双峰结构的强化，贫富差距将会拉大。这正是美国等发达国家的现状。与发达国家不同，我国的城市化进程并没有像配第 - 克拉克定律描述的，劳动力依次从第一产业流入第二产业，再流入第三产业，而是劳动力从第一产业直接流入第二、三产业。但是，在低附加值服务行业中从事低报酬工作的多是来自农村的务工人员，因此高工资的服务业部门和低工资的服务业部门的不平衡发展将会使城市居民收入差距进一步增加。

概括本章主要讨论的三个问题：首先，在我国，到底是发展服务业有利于收入分配，还是发展制造业有利于收入分配？发达国家的学者一般认为制造业是有利于平均收入分配的行业（Rayscavage 等，1992；Nielsen 和 Alderson，1997），而存在二元结构的服务业实际是恶化了收入分配。制造业就业向服务业的转移导致 1970 年后美国收入差距的增加。按照服务业“双峰”发展模式，我国农村劳动力流入服务业可能使城市收入不平衡现象加剧。然而服务业劳动收入份额比制造业更高，也可能一定程度上减轻这种收入不平衡。到底是哪股力量起主要作用呢？其次，我国服务业高度的二元结构是否对收入分配有不利的影响？最后，发展知识密集型服务业，是否以及在多大程度上使城市居民的收入不平等程度加剧？

回答前两个问题，我们把城市服务业发展的外部性分解成两种：一种是专业化集聚效应，用以描述服务业的纵向发展；另一种是多样化的集聚效应，用以描述服务业的横向发展。这两类集聚效应对城市居民收入不均衡的影响，正对应了服务业影响收入分配的两个渠道：收入效应和结构效应。本章的第四部分检验了这两个效应，发现服务业确实具有一定程度的收入效应，制造业的发展则可能扩大收入差距。但是，在服务业的收入效应和结构效应间，结构效应更加显著，即服务业由于具有二元结构，它的多样化发展也会使居民收入差距扩大。知识密集型服务业发展对收入差距的影响，是服务业多样化发展扩大收入差距的典型代表。

二、理论分析：服务业集聚与城市收入分配

服务业发展对城市收入分配的影响可分解成两个层面：一是从宏观层面看，与服务业发展相对应的产业结构变化如何通过与之对应的就业结构影响收入分配；二是从区域层面看，与服务业发展相对应的城市化如何影响收入分配。

（一）宏观层面：产业结构与收入分配

有关产业结构和收入分配不均的著名假设之一是 Kuznets（1955）提出的经济发展和不均衡的“倒 U 型”曲线。随着人均 GDP 的增加，一国收入分配会经历从恶化到改善的变化。经济发展能够和许多概念联系起来，如产业结构的变化、城市化。经济发展既是人均收入的提高，也是社会产业结构的改变和革新，由农业主导的传统产业向非农业主导的现代产业转变。工业化早期，一个社会经济体由占据主导的农业和比重较小的工业构成，农业的生产率低、工资较低，工业生产率高、工资高。当经济发展、产业结构发生变化，农业劳动力比重下降、工业劳动力比重上升，劳动力从农业流出，收入不平等现象加剧。这种农业和非农业产业因为人均收入或生产率的差距形成的结构也叫“二元产业结构”（sector dualism），收入分配的情况取决于各产业的人均收入和所占份额的大小。到工业化后期，农业劳动力所占份额已经很小（如各发达国家），二元结构的程度变低，收入不均衡演化速度因此减缓。

经过了 1950—1970 年的稳定期，1970 年以后，美国等发达国家的收入差距曲线又逐渐扩大。这同样可以用产业结构的变迁来解释。随着经济的进一步发展，制造业劳动力比重下降，服务业劳动力比重上升，劳动力从制造业流进服务业。制造业生产率高、工资分布均衡，而服务业异质性较大，生产率和工资的分布都不均衡。服务业占比增加意味着有一大块劳动力集中在工资较低的

行业（Bluestone，1990）。因此不少学者认为，经济的去工业化，或者说经济的“服务化”是造成目前发达国家收入差距扩大的主因之一（Rayscavage 等，1992）。

最近流行的解释收入分配不平等的“技能偏向型的技术进步论”（Skills - based Technological Change，SBTC）是产业结构与收入分配关系文献的进一步深化。这种观点侧重于关注服务业尤其是服务业内部的二元结构对收入分配曲线形状的改变。SBTC 理论的基本假说是，新技术，尤其是计算机信息技术的应用，增加了对高技能劳动力的需求，相应地替代掉部分能够被替代的低技能劳动力。高技能的劳动力工资因之上涨，从而拉大了收入差距（Acemoglu，2002）。基本的 SBTC 理论比较关注底部的收入分配，近年来 SBTC 理论更加关注中间阶层的塌陷（Autor 等，2003）。现代科技并不能替代所有的人工工作。容易替代掉的工作是能够被自动化的工作，不容易被替代的工作，也就是所谓的非例行工作（non - routine tasks），既包括需要复杂抽象能力的熟练工作，也包括低技能的服务工作，如各种个人服务。能够被自动化的工作处于技能分布的中间阶段，也就是说技术革新将会导致两极化的就业结构——低技能的服务业和高技能的就业占据劳动力市场的主要份额。从产业结构的角度看，SBTC 理论的实质即服务业二元结构对收入分配的影响，知识密集型的高技术服务业和低附加值的服务业发展的同时，吸引劳动力向这两种类型的行业集中，收入分布曲线中间凹陷，两端突起。

（二）区域层面：城市化与收入分配

对区域层面的不平等的关注比之宏观层面的研究少得多。纵观研究城市化和收入分配的文章，似乎也有着一条随着时间变化的“倒 U 型”曲线。以前，不均衡与贫困相关，而今天，不均衡与富裕相关。在城市发展初期，城市化表现为集聚的规模效应，有利于经济发展，这时候城市化的收入效应较大，故有不少城市化缩小收入差距的例子（Ricardson，1973）。在城市发展中后期，城市化中多样性集聚对收入差距的影响强于收入效应对缩小差距的影响，因此高水平的城市化往往与高度的不平等并存。1970 年后期到现在的研究基本支持城市化扩大收入差距的论断。消除了多个社会经济变量的影响后，城市化与不均衡的正面关系依旧十分显著（Garofalo 和 Fogarty，1979；Nord，1980；Charkravorty，1996；Korpi，2008；Baum - Snow 和 Pavan，2012）。

深入研究城市化与不均衡作用机理的文献较少。因城市化引发的不均衡有两种分析思路，一种比较新的思路是，将城市化与竞争联系起来，强调城市规模扩大后自然选择的结果。例如，Behren 和 Robert - Nicoud（2013）将自然优势、集聚经济和企业的选择三者整合在一个理论框架下，搭起了城市化和不平等的桥梁，解释了大城市效率更高以及更不平等的原因。首先，自然优势有利于城市早期的城市化，如城市选址、吸引人才和资源的集聚，从而引发集聚经济，城市规模越大，集聚效应越大。其次，大量企业和个人的集中则意味着选择和竞争，城市规模越大，竞争越激烈，最终生存者即效率最高者获得的回报越高。因此，竞争即自然选择诱发了更大的不平等。

第二种思路是将城市化与城市产业结构联系起来，与 SBTC 理论相仿，强调城市化进程中高技术产业的发展对收入分配的影响（Donegan 和 Lowe，2008；Lee，2011；Breau 等，2014）。城市化并不能使所有群体均衡受益，那些在高技术型的、创新型的或者知识密集型产业工作的群体从中受益最大。知识密集型行业存在生产率效应，相对于其他行业工资较高，高技能工人在这些行业中可以得到技能溢价（Echeverri - Carroll 和 Ayala，2009）。此外，高端上游产业的发展同时也会吸引低附加值的下游产业。知识密集型行业对高技能劳动力的需求会间接使对低技能劳动力的需求也随之上升（Suedekum，2006）。由于需求的互补性，对于餐饮、清扫等个人服务的需求使知识密集型行业和劳动密集型行业坐落在一个区域内，因此该区域内的收入不均衡程度取决于两种类型行业的工资差距。

进一步分解区域层面的不平等，就得回到个体劳动力上来。人力资本上的差别造成了个体的工资差距，而这些异质的劳动力在地理和产业间的组合分布，又决定了当地收入差距和产业间不平等的程度。例如，在 Davis 和 Dingle（2013）的模型中，高生产率的人选择居住在与他们能力匹配的便于交流信息的大城市，自然就形成了生产率—工资的差距。Glaeser 等人（2009）发现，地区间技能的分布能够解释地区不平等的 1/3，行业差距能够解释 1/2。Korpi（2008）从人力资本的角度来看，假设受到教育越多，生产率越高，工资也就越高，因而收入分配曲线与当地教育分布相联系，当地受到高等教育的人口比例越大，当地收入差距越大。Baum - Snow 和 Pavan（2012）研究得出，大城市中日益增长的组间不均衡，包括产业间的不均衡和不同技能劳动者的不均衡，是城市发展不均衡的首要贡献因素。

（三）以服务业发展的视角看待收入分配

从服务业发展的角度来看，以上两个层面的论述具有一致性。以服务业为纽带，宏观和区域层面的收入分配因之整合起来。世界经济的发展趋势是，随着人均国民收入的提高，劳动力从第一产业逐步向第二产业转移，当人均收入进一步提高时，再向第三产业即服务业转移。这是著名的配第－克拉克定律。由于各国经济日趋服务化，产业结构变迁的背后即服务业的发展。城市化是人口在城市的集中，服务业生产消费的一体性使服务业只能在人口密度大的城镇间集聚发展。从经验上看，各国的城市化率和服务业比重显著正相关，服务业对城市生产总值的贡献最大。城市化的进程即服务业发展的进程。

视角既然切换到服务业，那么接下来的问题是，服务业作为一个行业怎样影响城市的收入不均衡。本书认为，服务业的发展一是有收入效应，它可以缩小现有收入差距；二是有结构效应，异质性服务行业发展会拉大收入差距的缺口。这两股力量是影响现有城市居民收入分配的重要因素。

第一个问题，服务业的收入效应，考察的是服务业专业化发展和城市收入分配的关系，服务业劳动力的专业化，在控制其他社会经济变量时，是否有利于减少收入差距。目前我国服务业发展的收入效应至少有两个方面：第一，服务业在城市集中发展产生的外部性使生产率提高，影响了工资。经济活动在空间上的集中即为集聚，它是实现经济增长的重要动力。Marshall（1 890）最早描述了集聚的作用：集聚通过中间产品的联系、劳动力市场共享、技术与信息流动获得专业化的知识外溢。这种专业化的集聚效应也称为“马歇尔外部性”（Marshallian Specialization Externalities）。第二，近年来，我国国民收入分配格局偏离居民，向政府和企业倾斜。在初次分配中劳动所占份额不断下降，资本所占份额不断上升（蔡昉，2005；白重恩、钱震杰，2009），这是造成个人收入差距的主要原因。劳动力是服务业主要的投入要素，因而服务业劳动收入份额较高。作为要素所有者，随着服务业的发展，从业人员的实际收入也会因之提高。在制造业中，投入要素是资本和劳动力。资本是相对稀缺的要素，集中在资本所有者手中。如果制造业占据经济的主导地位，在初次分配时，劳动者的收益将远远小于资本所有者的收益。在各行业中，我国服务业的劳动收入份额高于工业的劳动收入份额（白重恩、钱震杰，2009），但是我国服务业占GDP的比重却一直较低，因此从产业结构的角度来看，与发达国家发展制造业减少收入差距不同，在我国，发展服务业比发展制造业有利于缩小收入差距。

第二个问题，服务业发展的结构效应，考察的是服务业的多样化发展和城市收入分配的关系。服务业劳动力的分化是否扩大了收入差距？Jacobs（1969）认为，不同知识是互补的，城市的发展来自于不同行业间的知识外溢，多样化的行业结构导致地方规模收益递增，即“雅各布外部性”（Jacobian Diversification Externalities）。雅各布外部性会产生一定的收入效应，但是产业结构的多样性却可能使收入差距拉大，成为影响城市收入分配的重要原因。Baum - Snow 和 Pavan（2012）验证，产业结构差别能够解释 1/3 的不均衡情况。首先，服务业内部，知识密集型部门和劳动密集型部门并存。正如技能偏向型的技术进步理论所述，知识技术密集型的服务业和劳动密集型服务业同时发展，加速了收入不均衡，而计算机密集行业的技术升级，是工资差距加大的主因（Autor 等，1998）。其次，服务业内部，各种垄断性部门和竞争性部门并存。垄断行业与竞争性行业收入差距越来越大。我国的大部分垄断性服务行业还是知识密集型行业，这个趋势就更严重。以金融业为例，2013 年，城镇单位就业人员平均工资 99 653 元，是住宿和餐饮业从业人员的 2.93 倍。在 10 年前，这个数字为 1.93。因此，我们预测服务业发展对收入不平等存在正向的结构效应。城市服务业内部的体系发展越成熟（多样性越大），居民收入差距越大。

我们还将验证知识密集型的服务业发展是否像技能偏向型的技术进步一样，影响城市收入状况。目前研究技能偏向型技术进步与收入分配的文献绝大部分关注的是宏观层面，仅有少量关注过城市层面的创新和不均衡（Echeverri - Carroll 和 Ayala，2009；Lee，2011）。知识密集型的服务业发展，是技术偏向型的服务业集聚的强化。在欧美发达国家，都有一定的创新型产业发展使工资两极化的现象。Lee（2011）将这种现象的成因总结为五点：创新的生产率效应、创新的高风险性带来的不均衡的收入结构、产业结构对不同层次劳动力的吸引、技能偏向型的技术进步、高技术服务业行业发展对低技能服务业的吸引。因此，我们认为，知识密集型服务业发展得越好，城市发展的不均衡程度越高。

三、研究方法与数据处理

城市是发展服务业的前提。为了检验服务业发展水平与城市居民收入分配的关系，我们使用的数据集为包含城镇居民和流动人口信息的全国范围的劳动力市场调查数据，即 CHIP 2002 年和 2008 年的城镇住户调查和流动人口调查数据。2002 年的数据包括北京、山西、辽宁、江苏、安徽、河南、湖北、广东、重庆、四川、云南和甘肃东、中、西部地区 12 个省和直辖市的 70 个县市，2005 个流动人口家庭（5 327 人）和 6 835 个城镇家庭（20 632 人）。2008 年的数据包括东、中、西部地区 9 个省和直辖市的 15 个城市，包括上海，广东的广州、深圳和东莞，江苏的南京和无锡，浙江的杭州和（东部地区），湖北的武汉，安徽的合肥和蚌埠，河南的郑州和洛阳，重庆，四川的成都；5 000 个流动人口家庭（7 146 人）和 5 000 个城镇家庭（14 859 人）。通过这个数据集可以较为精确地由个人情况计算出当年某个城市城镇居民的收入分配情况，进而把它和城市发展情况联系起来。不少城镇收入分配的研究仅研究具有户籍的城镇家庭样本，而本书使用了包括流动人口在内的所有城镇居民的数据进行计算。这是因为，如果考虑服务业，就必须将流动人口考虑进来。外来打工的流动人口是当前我国城镇中低技能服务业就业的中坚力量。在 2002 年的数据中，非本地户口居民就业主要分布的服务业领域有批发和零售贸易餐饮业[①]（46.6%）和社会服务业（21.1%）。2008 年，非本地户口居民的就业依旧主要分布在批发零售业（30.6%）和住宿餐饮业（18.2%）。由于低技能服务业的收入较低，如果仅仅考虑具有户籍的城镇人口，可能会低估城市的收入差距。经过计算，我们也发现确实如此，即按城镇户口计算的城市收入差距普遍比按全部居民计算的数值低。

城市发展的统计数据来自各年《中国城市统计年鉴》中地级及以上城市部分。

（一）衡量不均衡

ineq 为本书核心的被解释变量，它是衡量城市 i 居民收入不均衡程度的指标，由 CHIP 调查计算得出。这里的收入定义为包括工资、奖金、津贴和实物折现的总和的月收入，根据问卷设计，“城镇人口的收入 = 当年全年收入/12”，流动人口的收入为每月总收入。根据我国一般劳动人口的特征，这里的样本选择的是正在工作的人口样本，男性的年龄区间为（16 岁，60 岁），女性为（16 岁，55 岁）。经过筛选，样本的描述性统计如表 6-1 所示。

① 与其他年份不同，在 2002 年 CHIP 数据中，批发和零售贸易、餐饮业为合并的行业统计口径。

表 6-1　样本描述性统计

年份	总样本数（个）	城镇样本数（个）	流动人口样本数（个）	流动人口占比（%）
2002	13 523	10 067	3 456	25.56
2008	13 998	6 852	7 146	48.95

有研究指出，区域不均衡的程度变化对测度指标的差异十分敏感（Rodriguez-Pose 和 Tselios，2009）。如何筛选这么多种指标？一般的做法是最好几个指标同时使用（万广华，2008），本书使用了其中三种常用的指标。

第一种指标是最广泛使用的指标，基尼系数[①]（Gini Coefficient）。基尼系数是通过计算洛伦茨曲线和对角线之间的面积（即不均衡面积）与完全不平等区域（即对角线下面的三角形）的面积而得到。作为被广泛使用的指标，它的优点很明显，如具有人口对称性，当两个相同的样本合并时，产生的系数一致（Coulter，1989）；齐次性。变化度量单位以后，其值依旧不受影响。换句话说，将所有样本同乘一个正的常数，不均衡的值不变。另外，样本的大小不会影响度量结果，大的样本和小的样本的不均衡程度是可比的。基尼系数的不足主要在于：首先，它的含义不太直观。其次，其对于分布模式（mode of distribution）的变化比较敏感，比如对位于两端的人群的收入差距的反应程度小于对中间阶层收入差距的反应程度。

衡量收入两端人群的收入差距对研究异质性较强的服务业来说是十分重要的，因此本书引第二种指标 Atkinson 指数。Atkinson 指数可以被理解为完全平等分配减少了的总收入与保持社会福利水平不变的情况下的总收入降幅百分比，即 1 减去平均分配的收入比与实际分布的均值的比例：

$$A = 1 - [\frac{1}{N}\sum_{i=1}^{N}(Y_i/\bar{Y})^{1-\varepsilon}]^{1/(1-\varepsilon)}, \varepsilon \neq 1$$

$$A = 1 - \frac{\prod_{i=1}^{N} Y_i^{1/N}}{\bar{Y}}, \varepsilon = 1$$

Atkinson 指数在比较单侧的分布对不均衡等的贡献时比较有用。它含有一个加权系数 ε，也衡量了“不均衡的厌恶程度”，因为它量化了从现有资源再分配中得到的社会效用。$\varepsilon=0$，即“对不均衡无厌恶”，此时 A=0，表示从分配中没有得到任何社会效用。$\varepsilon=\infty$，即“对不均衡的无限厌恶”，表明在分

① 基尼系数的常见计算方法是对样本分组处理，容易出现估计误差。本书使用的不平等数据是微观数据，使用 STATA 命令 INEQDECO 直接计算，故没有必要分组再计算，也不会出现估计误差问题。

配中得到无限的社会效用，此时 A = 1。因此，ε 表现的是对收入分配的价值取向。底部的收入分配不均衡越重要，ε 值越小；顶部的收入分配不均衡越重要，ε 值越大。当 ε 一定时，A 值越小，不均衡程度越低，社会效用也越小。这里我们分别将 ε 的值设定为 0.5 和 1，即不均衡在低工资的传统服务业和高工资的现代服务业中都可能出现。Atkinson 指数遭到的批评是，与之对应的社会效用函数只考虑了人们收入的绝对值，而没有考虑每个人在收入阶梯上的相对位置（Dagnum，1990）。另外，Atkinson 指数和一种普遍使用的广义熵指数（Generalized Entropy，GE）存在一一对应的转换关系：$A = 1 - e^{-GE}$。因此，使用了 Atkinson 指数后，就无需再使用 GE 指数。

最后，本书使用了十分位数分散系数（Decile Dispersion Ratio）。它是一种简单而常用的不平等指标，表示最高的 10% 的收入与最低的 10% 的收入的比率，即 P90/P10 比率。该指标直观也易于解读，但它忽略了收入分布的中间阶层，而且并没有使用前后 10% 范围内的收入分布信息。本章延伸阅读部分给出了这几种指标的相关系数。

（二）衡量集聚

服务业专门化和多样化对经济带来影响，我们将服务业专业化发展用强调专业化集聚的“马歇尔外部性”来衡量，将服务业多样化发展用强调多样化集聚的“雅各布外部性”来衡量。专业化和多样化这两种集聚机制并不是互相排斥的，理论上说，这两种集聚产生的外部效应可以同时产生作用。因此，强调产业在城市所处的多样化环境，不必然与产业的专业化负相关，即有马歇尔外部性的同时并不等同于无雅各布外部性，如本文计算出的两种外部性相关系数就高达 0.97。

衡量专业化集聚效应，常用区位商表示，也称 LQ 指数（Location Quotient），用一个产业在城市经济活动中的比重与全国对应比重的比值表示，公式为：

$$LQ_{ik} = \left(\frac{x_{ik}}{X_i}\right) / \left(\frac{X_k}{X}\right)$$

其中，LQ_{ik}是 i 地区 k 产业的专业化指数，x_{ik}是 i 地区 k 产业的从业人数，X_i是 i 地区所有产业总从业数，X_k是 k 产业在全国的从业人数，X 是全国从业人数。区位商大于 1，意味着 k 产业在 i 地区的比重高于全国平均值；反之亦然。区位商值越大，行业越是相对集中，说明该城市在全国相对专业化。因此，这里

的区位商 LQ_{ik} 为区域 i 服务产业 k 就业占该区域总就业之比/全国服务产业 k 就业占全国总就业之比。分母部分的 X 为全国城镇单位就业人员数，数据来自《中国统计年鉴》，X_k 为分行业城镇单位就业人员数，数据来自《劳动统计年鉴》；分子部分的 X_i 为城市单位从业人员，x_{ik} 为按照行业分组的单位从业人员，数据来自《城市统计年鉴》。上述指标的单位均为“万人”。

衡量雅各布外部性的方法较多，如 Glaeser et al.（1992）用所有其他产业的区位商衡量惠及某产业的多样化外部性，Henderson et al.（1995）用 Hirschman - Herfindahl 指数，将各产业就业比例平方后求和。不同方法对结论影响并不大，如 Paci&Usai（2000）和 Greunz（2004）采用不同方法，但结论一致。测度多样化集聚最常用的指标是 Hirschman - Herfindahl 指数的倒数。我们同样使用了这个指标，即服务业各行业就业占服务业就业比例的平方和的倒数：

$$DV_i = 1/HHI_i;HHI_i = \sum_{i=1} (X_i/X)^2$$

其中，X 为 i 地区的服务业就业人数，X_i 为 i 地区 j 行业的就业人数。本书衡量服务业集聚的指标均使用就业指标，一是因为数据的可获得性佳，二是因为就业的结构与收入结构直接相关，如 Nord（1990）用服务业就业来测算它对收入不均的影响。

（三）其他控制变量

接下来考虑其他可能影响收入差距的与城市特征有关的控制变量。

一是城市的经济发展变量。和一般研究一样，选取城市的人均 GDP（也就是城市的劳动生产率）作为城市的经济发展指标。Kuznets（1955）提出的经济发展和不平等的库兹涅茨曲线，是说随着人均 GDP 的上升，一国的收入分配会经历从恶化到改善的变化。这个结论在国家层面上稳健，在次国家层面的研究中，代表区域经济发展情况的区域人均 GDP 和区域不平等程度密切相关（Wheeler，2004）。

二是考虑城市的政治特征。在我国，政府在资源配置中起主导作用，各级行政中心获得较多权限和资源。因此，行政级别较高的城市得到快速发展，城市规模不断扩大（魏后凯，2014）。长期受这种行政中心偏向效应的影响，城市的行政级别和城市的各种资源密切相关。行政等级越高，城市人口规模越大；城市化程度越高，服务业发展得也越好，各种人才、外商投资、基础设施也集聚于此。因此，本书将城市行政等级 rank 作为虚拟的控制变量[①]。第一级的城市（直辖市），赋值 3，第二级城市（副省级城市）赋值 2，第三级城市（一般的省会城市）赋值 1，第 4 级城市（一般的地级市），赋值 0。

三是从城市化的角度考虑城市特征。本书使用对数线性化的市辖区人口 lnpop 作为衡量城市化的指标。城市化是人口在城市的集中，故城市人口、城市人口密度、对数化的城市人口等都可以用作城市化的代理变量。

除了经济、政治、城市化这三个方面以外，还考虑的控制变量包括：（1）城市的产业结构。城市中并非只有服务业对城市收入差距产生影响。服务业集聚的指标已经是本书的主要解释变量，包含在回归式内，故使用制造业集聚的指标（man）控制城市产业结构。这里的制造业集聚指的是制造业就业的专业化集聚，计算方法与服务业就业的专业化集聚指标一样。（2）城市的开放程度（open）。随着国际贸易规模不断扩大，贸易开放度和收入不均衡越来越联系在一起。一般认为经济开放会使技术进步向有利于高技术工人的方向倾斜，从而扩大收入差距（Wood，1995）。我们选取外商投资强度（外商投资/地方产值）作为衡量开放程度的指标。（3）城市的地理位置。是否为中部或西部城市的虚拟变量（mid、west），用来控制城市间地理的差异。（4）时间因素 T。控制时间因素的年份虚拟变量。

（四）计量模型

$$ineq_i = \alpha + \beta' X + \gamma svc_i + \theta man_i + \varepsilon_i \qquad (6-1)$$

在式（6－1）中，$ineq_i$为衡量城市 i 收入不平等的指标，包括基尼系数，A（0.5），A（2），P90/P10。X 是可能影响收入差距的一系列城市特征向量。svc_i是衡量服务业集聚（多样化和专业化）的指标，man_i 是衡量制造业集聚的指标。残差 ε_i 包括了未被考虑的其他地区因素，如地区价格水平等。因为数据是几个时点的横截面数据，在回归时假定存在异方差性进行估计。

在估计方程时可能会出现一定的多重共线性，原因是城市的各个特征往往

---

① 从与行政区划层级对应的角度看，中国的城市行政等级可分为直辖市、地级市、县级市和镇四级。北京、天津、上海、重庆四个直辖市处于第一级，其行政级别与 22 个省和 5 个自治区对等。按照行政级别和是否属于省会城市，又可把地级市细分为副省级、一般省会和一般地级市三级。由中央机构编制委员会确定的 15 个副省级市，包括深圳、广州、厦门、杭州、宁波、成都、南京、长春、沈阳、大连、哈尔滨、济南、青岛、武汉和西安，处于城市行政等级的第二级（魏后凯，2014）。

互相影响。例如，在我国，城市的经济发展往往会受到行政力量的影响，因为集聚的规模效应，最后联合起来使城市的资源进一步集中。因此，我们采用逐步回归的方法①，并计算了解释变量的相关系数矩阵以及各回归方程的方差膨胀因子（结果省略），发现变量间相关性不大，VIF 远小于 10，故多重共线性并不严重。

四、实证结果

（一）专业化集聚和多样化集聚的影响

表 6－2 到表 6－5 是以 Gini 系数、P90/P10、A（0.5）、A（1）指数衡量的收入差距指标对式（6－1）的回归结果。第（1）列同时控制了城市的各项特征向量。第（2）－（4）列考虑了 lp、lnpop 和 rank 之间的共线性。第（5）－（8）列考虑了制造业发展和服务业发展存在一定的此消彼长关系，故去掉了 man 进行回归。由于服务业的专业化集聚和多样化集聚（即 svc_lq 和 svc_dv）相关性高达 0.97，第（9）－（12）列去掉了显著性已经比较强的 svc_dv ②进行回归。在表 6－2 的第（1）－（12）列中，这 12 个回归结果表示服务业专业化集聚的指标 svc_lq 与收入差距的相关系数均为负，但显著性不强。表 6－2 到表 6－4 的结果也是呈现负面的关系。另一个代表服务业多样化集聚的指标 svc_dv，与这四个代表收入不平等的指标关系具有很强的显著性，四张表大都从正面显著地影响了收入不均衡。第一个结果说明了服务业的收入效应。发展服务业从一定程度上改善了收入分配的状况，缓解了劳动者的收入差距。第二个结果佐证了服务业在发展过程中的结构效应，服务业的多样化程度越高，收入差距越大。但是，比之服务业多样化发展扩大收入差距的显著效应，服务业的专业化发展对减少收入差距的作用没有那么明显。

除了本书关注的主要解释变量服务业的集聚，也能看到城市的某些特征对收入差距的影响，如产业结构以及地理因素。这里的产业结构，用制造业发展的程度 man 代表，因为服务业的结构已经表示在方程之中。发达国家学者一

① 国外的城市发展相对来说是独立的，所以国外的实证研究很少考虑这些变量的共线性问题。

② 我们也去掉了 svc_lq 进行回归，svc_dv 正且显著的结论依旧成立，其他结论不变，因此这里不再列出。

般认为，制造业的行业工资比较接近，因此制造业就业的增加能够起到平缓收入差距的作用（Rayscavage 等，1992）。根据前文的分析，我国制造业的发展使收入分配偏向少数的资本所有者而非工人，因此从我国的情况来看，制造业的发展带来的是收入差距的进一步扩大。这个观点已经被证明，从几张表的回归结果来看，man 变量对收入差距的影响均是正面的。

另外一个值得一提的特征是城市的地理特征对收入差距的影响。表 6-2 到表 6-5 表明，中西部城市的收入差距比东部（也即沿海城市）的收入差距更小，尤其以中部城市更为明显。在各表中，地理因素对收入差距的影响甚至比城市经济发展状况的影响更显著一些。在同时控制 lp 和地理因素的情况下，lp 对收入不平等的影响系数是接近 0 的正数，而地理因素多为显著的负数。表示中部城市的虚拟变量 mid 在几个表中几乎都是负且显著的，表示西部的虚拟变量 west 虽然也是负数，但不显著的时候比较多，而且基本上每个系数的绝对值都小于 mid 的系数。

城市的经济发展状况 lp、城市行政等级 rank、城市规模 lnpop、对外开放程度 fdip，如果把它们作为单独的解释变量对不平等指标进行回归分析，每个都具有很强的解释力和显著性（受篇幅所限，省略回归分析过程）。但在它们和其他解释变量一起加入了回归方程之后，显著性就消失了（见表 6-2 至表 6-5 的第（1）列），可见这几个解释变量不是影响城镇居民收入差距的关键因素。分析几个控制变量的系数，可以得到比较粗糙的结论是：第一，城市规模越大，收入差距越大。第二，对外开放能够从一定程度上缩小收入差距。

从回归结果来看，表面上地理因素比之其他因素对收入不平等的贡献更加重要，比如城市的人均收入和不平等几乎没有必然关系。我国城市在发展过程中存在复杂的作用机制，地理状况、经济状况等因素其实是互相叠加、交错影响的，不能完全把某个因素从其中剥离出来。我国东部地区既是人口稠密的地区，又是经济发达的沿海地区，吸收外资和开放的程度比中部西部大；在吸收外资过程中，投入制造业的外资占了主导地位，也使收入不平等程度加剧。从行政等级来看，行政等级高的城市在东部地区也多一些。例如，北京、上海、重庆和天津 4 个直辖市中有 3 个是东部城市，15 个副省级城市中有 12 个是东部城市。这些特征被同时考虑时，就使得地理特征成为影响收入分配的诸多因素中最为明显的特征，即中西部城市较少的收入差距可能是大多数人收入较低造成的。

我们也对不包括流动人口的城镇居民样本进行了回归分析，前面的各种结论依旧成立，碍于篇幅限制省略。

表 6-2 **Y = GINI 系数**

VARIABLES	(1)	(2)	(3)	(4)	(5)	(6)	(7)	(8)	(9)	(10)	(11)	(12)
svc_ lq	-0.0043	-0.0065	-0.0033	-0.0094	-0.0049	-0.0319	-0.0098	-0.0373	-0.0463	-0.0444	-0.0512	-0.0441
	(0.0531)	(0.0465)	(0.0495)	(0.0474)	(0.0422)	(0.0428)	(0.0429)	(0.0440)	(0.0558)	(0.0501)	(0.0522)	(0.0509)
svc_ dv	0.0183***	0.0188***	0.0197***	0.0172***	0.0187***	0.0008	0.0157***	0.0010				
	(0.0050)	(0.0049)	(0.0052)	(0.0052)	(0.0048)	(0.0012)	(0.0049)	(0.0013)				
man	0.0134	0.0143	0.0146	0.0132					0.0149	0.0170	0.0183*	0.0151*
	(0.0089)	(0.0092)	(0.0090)	(0.0086)					(0.0095)	(0.0106)	(0.0105)	(0.0088)
lp	0.0000			0.0000	-0.0000			-0.0000	0.0000			0.0000*
	(0.0000)			(0.0000)	(0.0000)			(0.0000)	(0.0000)			(0.0000)
lnpop	0.0007	0.0001			0.0119	0.0097*			0.0000	0.0100*		
	(0.0153)	(0.0062)			(0.0126)	(0.0049)			(0.0154)	(0.0054)		
rank	-0.0045		-0.0023		-0.0085		0.0001		0.0033		0.0095*	
	(0.0146)		(0.0065)		(0.0141)		(0.0059)		(0.0140)		(0.0054)	
fdip	-1.6781	-1.5379	-1.4017	-1.8441	0.1512	0.0928	0.0078	0.6645	-2.4312	-1.5462	-1.7892	-2.3398*
	(1.5270)	(1.1654)	(1.3488)	(1.1823)	(1.0866)	(1.0024)	(1.1651)	(1.2534)	(1.5512)	(1.2697)	(1.4024)	(1.2203)
mid	-0.0366**	-0.0396**	-0.0394**	-0.0374**	-0.0355**	-0.0278**	-0.0272*	-0.0288*	-0.0352*	-0.0424**	-0.0426**	-0.0342*
	(0.0178)	(0.0168)	(0.0168)	(0.0176)	(0.0156)	(0.0135)	(0.0139)	(0.0156)	(0.0189)	(0.0174)	(0.0173)	(0.0186)
west	-0.0211	-0.0258	-0.0246	-0.0236	-0.0263	-0.0289**	-0.0151	-0.0259	-0.0248	-0.0357*	-0.0353**	-0.0224
	(0.0191)	(0.0163)	(0.0168)	(0.0177)	(0.0184)	(0.0141)	(0.0152)	(0.0190)	(0.0209)	(0.0178)	(0.0175)	(0.0196)
T	—	—	—	—	Control	Control	Control	Control	—	—	—	—
Constant	0.2053	0.2185**	0.2107***	0.2280***	0.0707	0.2237***	0.2433***	0.3621***	0.3590	0.2342**	0.3774***	0.3547***
	(0.2403)	(0.0933)	(0.0682)	(0.0598)	(0.1874)	(0.0757)	(0.0589)	(0.0408)	(0.2365)	(0.0905)	(0.0549)	(0.0537)
Observations	55	55	55	55	66	73	66	73	55	55	55	55
R - squared	0.3587	0.3528	0.3537	0.3560	0.3772	0.2662	0.3508	0.2385	0.2729	0.2484	0.2426	0.2709

注：（1）括号内为标准差。

（2）“***”“**”“*”分别表示在 10%、5%、1% 水平上显著。

表 6-3 Y = P90/P10

VARIABLES	(1)	(2)	(3)	(4)	(5)	(6)	(7)	(8)	(9)	(10)	(11)	(12)
svc_ lq	-1.0669	-1.0279	-0.9201	-1.1756	-1.1026	-1.2618	-1.1053	-1.4021*	-1.4573	-1.4373	-1.4110	-1.4235
	(1.0292)	(0.9067)	(0.9201)	(0.9098)	(0.7844)	(0.7897)	(0.7712)	(0.7866)	(1.0502)	(0.9500)	(0.9690)	(0.9403)
svc_ dv	0.1698	0.2033*	0.2018*	0.1231	0.1755	0.0324	0.1729	0.0365				
	(0.1150)	(0.1050)	(0.1165)	(0.1155)	(0.1067)	(0.0228)	(0.1049)	(0.0227)				
man	0.3514	0.3798*	0.3613*	0.3279*					0.3652*	0.4089**	0.3990**	0.3412*
	(0.2252)	(0.2086)	(0.1920)	(0.1846)					(0.2157)	(0.2001)	(0.1848)	(0.1843)
lp	0.0000			0.0000	-0.0000			-0.0000	0.0000*			0.0000
	(0.0000)			(0.0000)	(0.0000)			(0.0000)	(0.0000)			(0.0000)
lnpop	-0.2252	-0.1578			0.0043	-0.0949			-0.2316	-0.0504		
	(0.3582)	(0.1433)			(0.2754)	(0.1206)			(0.3540)	(0.1391)		
rank	-0.0342		-0.1554		-0.1189		-0.1163		0.0385		-0.0351	
	(0.2967)		(0.1077)		(0.2697)		(0.1004)		(0.2819)		(0.1116)	
fdip	-36.3492	-26.4096	-22.1475	-35.1685	0.6649	2.6260	0.5619	0.7201	-43.3457	-26.5000	-26.1187	-38.7067
	(38.5611)	(29.7545)	(31.4229)	(28.0841)	(23.7566)	(22.1261)	(23.6903)	(22.0813)	(36.9520)	(29.6958)	(31.2166)	(27.3185)
mid	-0.6604*	-0.7639**	-0.7610*	-0.7458*	-0.6047*	-0.5366*	-0.5989*	-0.6872*	-0.6475	-0.7951**	-0.7943**	-0.7230*
	(0.3930)	(0.3753)	(0.3845)	(0.4067)	(0.3609)	(0.2982)	(0.3221)	(0.3548)	(0.3995)	(0.3769)	(0.3779)	(0.4130)
west	-0.2060	-0.3565	-0.3602	-0.4143	-0.2974	-0.2392	-0.2897	-0.4691	-0.2399	-0.4633	-0.4701	-0.4058
	(0.4178)	(0.3714)	(0.4045)	(0.4232)	(0.4158)	(0.3016)	(0.3514)	(0.3955)	(0.4203)	(0.3752)	(0.3887)	(0.4275)
T	—	—	—	—	Control	Control	Control	Control	—	—	—	—
Constant	7.6048	6.6496***	4.4019***	5.1117***	4.8852	7.2088***	4.9536***	6.2365***	9.0322*	6.8192***	6.1102***	6.0160***
	(5.6171)	(2.1467)	(1.3316)	(1.2308)	(4.1885)	(1.8019)	(1.1226)	(0.7339)	(5.2683)	(2.1060)	(1.0056)	(0.9733)
Observations	55	55	55	55	66	73	66	73	55	55	55	55
R - squared	0.2746	0.2616	0.2592	0.2491	0.2418	0.1722	0.2418	0.1848	0.2556	0.2302	0.2292	0.2380

注：(1) 括号内为标准差。

(2) "***" "**" "*" 分别表示在 10%、5%、1% 水平上显著。

表 6-4　Y = A (0.5)

VARIABLES	(1)	(2)	(3)	(4)	(5)	(6)	(7)	(8)	(9)	(10)	(11)	(12)
svc_ lq	0. 0037	0. 0013	0. 0042	-0. 0008	0. 0054	-0. 0065	0. 0023	-0. 0093	-0. 0177	-0. 0180	-0. 0210	-0. 0178
	(0. 0257)	(0. 0223)	(0. 0242)	(0. 0229)	(0. 0205)	(0. 0216)	(0. 0212)	(0. 0217)	(0. 0263)	(0. 0235)	(0. 0244)	(0. 0239)
svc_ dv	0. 0093***	0. 0096***	0. 0104***	0. 0084***	0. 0099***	0. 0001	0. 0082***	0. 0002				
	(0. 0026)	(0. 0024)	(0. 0028)	(0. 0030)	(0. 0024)	(0. 0006)	(0. 0029)	(0. 0006)				
man	0. 0064	0. 0071	0. 0074	0. 0064					0. 0072	0. 0085	0. 0093	0. 0073
	(0. 0048)	(0. 0051)	(0. 0051)	(0. 0047)					(0. 0052)	(0. 0059)	(0. 0060)	(0. 0049)
lp	0. 0000			0. 0000	-0. 0000			0. 0000	0. 0000			0. 0000
	(0. 0000)			(0. 0000)	(0. 0000)			(0. 0000)	(0. 0000)			(0. 0000)
lnpop	0. 0010	0. 0000			0. 0083	0. 0057*			0. 0007	0. 0051*		
	(0. 0076)	(0. 0033)			(0. 0073)	(0. 0029)			(0. 0078)	(0. 0029)		
rank	-0. 0041		-0. 0020		-0. 0067		-0. 0006		-0. 0001		0. 0042	
	(0. 0088)		(0. 0044)		(0. 0089)		(0. 0041)		(0. 0084)		(0. 0034)	
fdip	-0. 9260	-0. 8571	-0. 7374	-1. 0799	0. 0911	0. 0853	0. 0046	0. 4144	-1. 3097	-0. 8613	-0. 9413	-1. 3228*
	(0. 8029)	(0. 6508)	(0. 7881)	(0. 6673)	(0. 6839)	(0. 6512)	(0. 7536)	(0. 7883)	(0. 8106)	(0. 7160)	(0. 8171)	(0. 6848)
mid	-0. 0193**	-0. 0214**	-0. 0213**	-0. 0199**	-0. 0200**	-0. 0152**	-0. 0150**	-0. 0154*	-0. 0186*	-0. 0229**	-0. 0230**	-0. 0183*
	(0. 0094)	(0. 0089)	(0. 0089)	(0. 0092)	(0. 0081)	(0. 0074)	(0. 0073)	(0. 0082)	(0. 0100)	(0. 0093)	(0. 0093)	(0. 0098)
west	-0. 0101	-0. 0136	-0. 0126	-0. 0120	-0. 0138	-0. 0156**	-0. 0069	-0. 0135	-0. 0120	-0. 0186**	-0. 0182**	-0. 0115
	(0. 0099)	(0. 0082)	(0. 0082)	(0. 0089)	(0. 0093)	(0. 0074)	(0. 0076)	(0. 0098)	(0. 0109)	(0. 0090)	(0. 0087)	(0. 0099)
T	—	—	—	—	Control	Control	Control	Control	—	—	—	—
Constant	0. 0128	0. 0315	0. 0241	0. 0380	-0. 0798	0. 0192	0. 0397	0. 0998***	0. 0910	0. 0395	0. 1118***	0. 1001***
	(0. 1195)	(0. 0496)	(0. 0367)	(0. 0316)	(0. 1074)	(0. 0436)	(0. 0328)	(0. 0209)	(0. 1185)	(0. 0482)	(0. 0262)	(0. 0265)
Observations	55	55	55	55	66	73	66	73	55	55	55	55
R-squared	0. 3426	0. 3295	0. 3322	0. 3356	0. 3829	0. 2638	0. 3460	0. 2332	0. 2612	0. 2302	0. 2196	0. 2609

注：(1) 括号内为标准差。

(2) "***" "**" "*" 分别表示在 10%、5%、1% 水平上显著。

表 6-5　Y = A（1）

VARIABLES	(1)	(2)	(3)	(4)	(5)	(6)	(7)	(8)	(9)	(10)	(11)	(12)
svc_lq	0.0025	-0.0014	0.0031	-0.0039	0.0052	-0.0186	0.0003	-0.0247	-0.0359	-0.0350	-0.0394	-0.0348
	(0.0448)	(0.0399)	(0.0420)	(0.0405)	(0.0356)	(0.0368)	(0.0365)	(0.0372)	(0.0463)	(0.0418)	(0.0432)	(0.0424)
svc_dv	0.0167***	0.0167***	0.0175***	0.0153***	0.0173***	0.0004	0.0138***	0.0006				
	(0.0045)	(0.0042)	(0.0046)	(0.0049)	(0.0042)	(0.0011)	(0.0047)	(0.0011)				
man	0.0117	0.0123	0.0124	0.0115					0.0130	0.0147	0.0157*	0.0131
	(0.0085)	(0.0084)	(0.0082)	(0.0079)					(0.0088)	(0.0092)	(0.0092)	(0.0084)
lp	0.0000			0.0000	-0.0000			-0.0000	0.0000			0.0000
	(0.0000)			(0.0000)	(0.0000)			(0.0000)	(0.0000)			(0.0000)
lnpop	0.0002	-0.0021			0.0111	0.0069			-0.0004	0.0067		
	(0.0137)	(0.0055)			(0.0119)	(0.0048)			(0.0141)	(0.0051)		
rank	-0.0055		-0.0043		-0.0101		-0.0024		0.0017		0.0061	
	(0.0134)		(0.0059)		(0.0132)		(0.0055)		(0.0129)		(0.0049)	
fdip	-1.5861	-1.6096	-1.4209	-1.7803	0.0408	-0.0587	-0.1143	0.3941	-2.2731	-1.6170	-1.7651	-2.2207*
	(1.4348)	(1.1495)	(1.3045)	(1.1574)	(1.0642)	(1.0152)	(1.1447)	(1.2207)	(1.4440)	(1.2310)	(1.3494)	(1.1849)
mid	-0.0355**	-0.0374**	-0.0371**	-0.0367**	-0.0342**	-0.0257*	-0.0253*	-0.0283*	-0.0342*	-0.0399**	-0.0400**	-0.0339*
	(0.0164)	(0.0155)	(0.0155)	(0.0162)	(0.0144)	(0.0129)	(0.0130)	(0.0146)	(0.0177)	(0.0163)	(0.0162)	(0.0174)
west	-0.0185	-0.0217	-0.0205	-0.0220	-0.0236	-0.0238*	-0.0116	-0.0241	-0.0218	-0.0304*	-0.0301*	-0.0210
	(0.0171)	(0.0146)	(0.0150)	(0.0157)	(0.0164)	(0.0128)	(0.0135)	(0.0169)	(0.0188)	(0.0158)	(0.0155)	(0.0177)
T	—	—	—	—	Control	Control	Control	Control	—	—	—	—
Constant	0.0670	0.1059	0.0677	0.0873	-0.0707	0.0985	0.0929*	0.2020***	0.2071	0.1198	0.2158***	0.1998***
	(0.2150)	(0.0863)	(0.0616)	(0.0554)	(0.1760)	(0.0734)	(0.0548)	(0.0354)	(0.2122)	(0.0840)	(0.0455)	(0.0458)
Observations	55	55	55	55	66	73	66	73	55	55	55	55
R-squared	0.3323	0.3271	0.3302	0.3264	0.3371	0.2076	0.3010	0.1910	0.2404	0.2215	0.2173	0.2399

注：（1）括号内为标准差。

（2）“***”“**”“*”分别表示在10%、5%、1%水平上显著。

（二）进一步解释：高收入和低收入服务业的影响

虽然服务业的专业化集聚可能在一定程度上有利于收入分配偏向劳动者，但多样化集聚反而能够扩大收入差距。原因主要在于服务业行业异质性的影响。服务业中大量不同性质的行业发展使收入分配曲线偏向两端。这在前面已经得到了验证。高技术高报酬和低技术低报酬的服务业同时发展，是收入分配曲线向两端偏移的原因之一。本节验证高收入高技术的服务业（知识密集型服务业[①]）和低收入低技术的服务业（劳动密集型服务业）对收入差距的影响，把式（6－1）中的服务业集聚指标替换成知识密集型/劳动密集型的服务业专业化集聚指标，用同样的方程回归，得到表6－7和表6－8。

从使用的数据样本看，具有高报酬和高技术两个特征的行业是科学研究和综合技术服务业[②]。对照表6－6的统计数据看，2002年的分行业平均劳动报酬一项，金融保险业为18 023元，科学研究和综合技术服务业为18 792元，后两者均高于金融业和保险业。从图6－1中2001年[③]从业人员的受教育程度来看，大学本科以上学历人员占比最高的行业是教育文化艺术和广播电影电视业，其次是科学研究和综合技术服务业，再其次是金融保险业。因此只有金融保险业、科学研究和综合技术服务业等行业同时具有高技术、高报酬的特征，故将它们视为知识密集型服务业。平均劳动报酬较低、从业人员受教育程度也较低的是批发零售贸易和餐饮业，以及社会服务业，将几个行业作为劳动密集型服务业看待。

表6－7的第（1）—（4）列是科学研究和综合技术服务业的专业化集聚指标（RD），对式（6－1）回归的结果。第（5）—（8）列是高技术的知识密集型行业（KIS），对式（6－1）回归的结果。正如预期，该结果证明了知

---

① 目前，对知识密集型服务业的定义并不同一。美国商务部定义，知识密集型服务业，是指企业在提供服务时融入大量科学、工程、技术等专业性知识的服务。魏江等（2007）认为，知识密集型服务业具有高知识、高技术、高互动以及高创新的特征。这基本符合本文的描述。

② 从2003年起，使用新国民经济行业分类，行业分类统计口径与名称有较大调整，如2003年以前不存在计算机相关的行业分类。2003年以后科研技术服务业的分类也有调整。从新分类看，年平均工资前两名是金融业与信息传输、计算机服务和软件业，科学研究、技术服务和地质勘查业次之。

③ 参考注释①，2002年该项指标统计口径为新口径，而受教育程度的行业构成这个指标在一年内应当是稳定的，故将2001年而非2002年指标作为分类依据。

表 6-6 2002 年城镇单位就业人员平均劳动报酬 单位：元

行业	交运仓邮业	批发零售贸易和餐饮业	金融保险业	房地产业
平均劳动报酬	15 818	9 439	18 023	15 384
行业	社会服务业	卫生体育和社会福利业	教文广电业	科学研究和综合技术服务业
平均劳动报酬	13 582	14 652	13 073	18 792

资料来源：张为民主编，《2003 年中国劳动统计年鉴》，中国统计出版社，2003 年第 1 版。

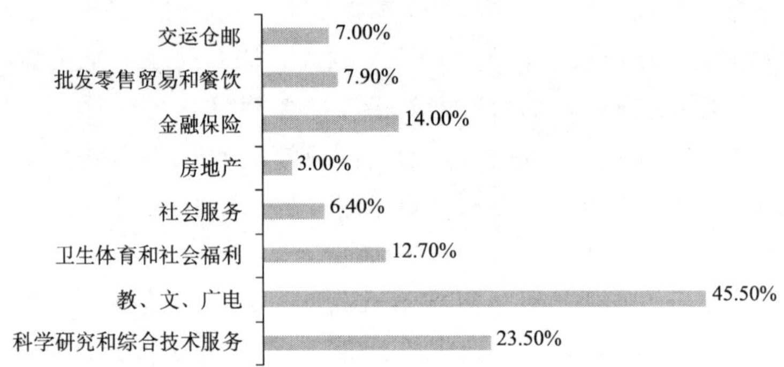

图 6-1 2001 年大学本科以上的城镇就业人员行业构成

资料来源：张为民主编，《2003 年中国劳动统计年鉴》，中国统计出版社，2003 年第 1 版。

识密集型行业发展和不平等的关系。高报酬、高知识密集型的服务业集聚程度越高，该地区的收入差距也越大。RD 和 KIS 的系数始终是正的，而且大部分时候是显著的。从表 6-8 第（1）—（4）列的结果看，劳动密集型服务业的专业化集聚与收入不均衡的关系虽然为正，但不存在显著性。以上的结果说明，城市内部不均衡也暗含了城市现代服务业发展程度。知识密集型行业发展程度高的城市，不均衡程度通常较高，然而劳动密集型行业发展程度高却不能显著影响到城市收入的不均衡。一个不够发达的劳动密集型服务业占主导的城市，不均衡程度较低，但收入也较低；而当劳动密集型行业和知识密集型行业并存时，起扩大收入差距作用的主要是高收入的知识密集型服务业（表 6-8 的第（5）—（8）列，在控制劳动密集型行业时知识密集型服务业的系数符号显著），这也是由劳动密集型服务业的特点决定的：技术含量低和从业人员受教育程度低，效率无法迅速提升，因此收入很难大幅提升。这个结果肯定了高技术行业的发展在收入分配中的作用，符合目前“技能偏向型技术进步”的理论。

表 6－7　　知识密集型行业与收入不均衡（Y＝收入差距指标）

VARIABLES	(1) gini	(2) ratio	(3) ahalf	(4) a1	(5) gini	(6) ratio	(7) ahalf	(8) a1
RD	0.0205 **	0.1430	0.0093	0.0154 *				
	(0.0099)	(0.1715)	(0.0057)	(0.0090)				
lp	0.0000	0.0000	0.0000	0.0000	0.0000	0.0000	0.0000	0.0000
	(0.0000)	(0.0000)	(0.0000)	(0.0000)	(0.0000)	(0.0000)	(0.0000)	(0.0000)
lnpop	0.0032	－0.1431	0.0020	0.0021	0.0024	－0.1490	0.0016	0.0014
	(0.0139)	(0.3292)	(0.0071)	(0.0130)	(0.0142)	(0.3328)	(0.0072)	(0.0131)
rank	－0.0134	－0.1610	－0.0075	－0.0110	－0.0062	－0.1070	－0.0042	－0.0059
	(0.0151)	(0.2567)	(0.0095)	(0.0141)	(0.0138)	(0.2868)	(0.0084)	(0.0130)
fdip	－1.6249	－24.2376	－0.9823	－1.6546	－0.5597	－17.5627	－0.4844	－0.7727
	(1.1906)	(30.0611)	(0.6306)	(1.1183)	(1.5790)	(39.5502)	(0.8148)	(1.4609)
mid	－0.0389 **	－0.6496	－0.0203 **	－0.0370 **	－0.0339 *	－0.6152	－0.0181 *	－0.0332 *
	(0.0189)	(0.4231)	(0.0099)	(0.0178)	(0.0191)	(0.4164)	(0.0099)	(0.0176)
west	－0.0339	－0.2929	－0.0162	－0.0287	－0.0329	－0.2805	－0.0158	－0.0284
	(0.0216)	(0.4728)	(0.0109)	(0.0192)	(0.0215)	(0.4507)	(0.0109)	(0.0189)
man	0.0173	0.4630 *	0.0081	0.0150	0.0158	0.4538 *	0.0074	0.0137
	(0.0116)	(0.2326)	(0.0060)	(0.0103)	(0.0115)	(0.2400)	(0.0059)	(0.0103)
KIS					0.0260 **	0.1668	0.0121 *	0.0212 *
					(0.0129)	(0.2957)	(0.0066)	(0.0113)
Constant	0.2551	6.0809	0.0504	0.1270	0.2318	5.9390	0.0394	0.1072
	(0.1885)	(4.4895)	(0.0965)	(0.1763)	(0.2005)	(4.7831)	(0.1018)	(0.1863)
Observations	55	55	55	55	55	55	55	55
R－squared	0.2972	0.2126	0.2840	0.2571	0.2973	0.2118	0.2854	0.2627

表 6－8　　劳动密集型服务业与收入不均衡（Y＝收入差距指标）

VARIABLES	(1) gini	(2) ratio	(3) ahalf	(4) a1	(5) gini	(6) ratio	(7) ahalf	(8) a1
LIS	0.0048	0.0439	0.0051	0.0129	－0.0074	－0.3929	－0.0022	－0.0031
	(0.0225)	(0.4925)	(0.0112)	(0.0190)	(0.0194)	(0.4486)	(0.0097)	(0.0167)
KIS					0.0257 *	0.1468	0.0120 *	0.0210 *
					(0.0129)	(0.3008)	(0.0066)	(0.0113)

续表

VARIABLES	(1) gini	(2) ratio	(3) ahalf	(4) a1	(5) gini	(6) ratio	(7) ahalf	(8) a1
lp	0.0000 (0.0000)	0.0000* (0.0000)	0.0000 (0.0000)	0.0000 (0.0000)	0.0000 (0.0000)	0.0000 (0.0000)	0.0000 (0.0000)	0.0000 (0.0000)
lnpop	0.0024 (0.0138)	-0.1495 (0.3359)	0.0014 (0.0070)	0.0009 (0.0126)	0.0035 (0.0142)	-0.0887 (0.3273)	0.0019 (0.0073)	0.0019 (0.0132)
rank	-0.0007 (0.0130)	-0.0737 (0.2540)	-0.0021 (0.0081)	-0.0027 (0.0122)	-0.0059 (0.0141)	-0.0921 (0.2874)	-0.0041 (0.0086)	-0.0058 (0.0132)
fdip	-1.891 (1.2300)	-26.120 (30.708)	-1.110* (0.654)	-1.874 (1.171)	-0.606 (1.592)	-20.010 (40.404)	-0.498 (0.830)	-0.792 (1.488)
mid	-0.0350* (0.0195)	-0.6247 (0.4395)	-0.0191* (0.0102)	-0.0357* (0.0182)	-0.0336* (0.0191)	-0.5996 (0.4126)	-0.0180* (0.0100)	-0.0331* (0.0177)
west	-0.0236 (0.0224)	-0.2195 (0.4515)	-0.0111 (0.0113)	-0.0196 (0.0197)	-0.0343 (0.0228)	-0.3560 (0.4758)	-0.0162 (0.0113)	-0.0290 (0.0198)
man	0.0191 (0.0127)	0.4775* (0.2528)	0.0095 (0.0066)	0.0181 (0.0112)	0.0150 (0.0115)	0.4085* (0.2416)	0.0071 (0.0060)	0.0133 (0.0105)
Constant	0.2673 (0.1871)	6.1645 (4.4734)	0.0555 (0.0945)	0.1348 (0.1716)	0.2261 (0.2009)	5.6381 (4.7165)	0.0377 (0.1025)	0.1049 (0.1874)
Observations	55	55	55	55	55	55	55	55
R-squared	0.2546	0.2073	0.2537	0.2316	0.2988	0.2226	0.2859	0.2630

（三）总结

将前两个部分的结果进行总结，得到表6-9。用四个指标回归得出的系数，符号是一致的，但显著性有一些差别。其中，P90/P10系数的显著性较差，但因其他三个指标的显著性较强，故具有一定的稳健性。服务业专业化集聚对收入不均衡的影响不够显著，但能够从一定程度上改善收入分配；而多样化集聚扩大了收入差距。服务业内部，知识密集型服务业的发展对收入差距有较为显著的正面影响。

表 6-9　　实证结果总结

	不均衡指标			
	Gini	P90/P10	A（0.5）	A（1）
专业化集聚	—	—	—	—
多样化集聚	+***	+*	+***	+***
科研技术业集聚	+**	+	+	+*
知识密集型行业集聚	+**	+	+*	+*
劳动密集型行业集聚	+	+	+	+

五、结论与政策建议

本书从服务业发展的角度来观察城市居民的收入分配。本章分析了服务业发展的两种效应：一种是收入效应，它能够在一定程度上缩小现有收入差距；另一种是扩大了收入差距的结构效应。相对于其他低工资行业，以知识密集型服务业为代表的高工资的服务业的不平衡发展，增加了城市居民的收入差距。知识密集型服务业越发达的城市，收入差距越大；而劳动密集型服务业的发展程度对城市内部收入差距的影响不如知识密集型服务业。我们利用 2002 年及 2008 年的 CHIP 数据和城市年鉴数据验证了上述推断。

目前，改善收入分配的政策主要针对二次分配阶段，即强化税收的调节作用和健全社保体系为主，因为一般认为初次分配的主题是企业，初次分配讲效率，二次分配讲公平。但是，现实是我国收入差距大，二次分配很少。我们从产业结构层面挖掘服务业对收入分配的影响，其实是强调了初次分配阶段政府和产业政策的重要性，认为初次分配也必须兼顾公平。如果在初次分配时没有建立合理的分配体系，那么旨在进行二次分配调节的政策效果也很有限。我们的研究结果证明，现阶段，比起制造业，我国发展服务业更有利于提高一般劳动者收入，缩小贫富差距。在这个意义上，由第二产业到第三产业的产业转型升级是有利于收入分配的。但是，针对我国知识密集型服务业的实证结果说明，服务业结构上的进一步升级不一定会提高一般劳动者收入，因为知识密集型的服务业发展增加了对技术型劳动力和资本的需求，收入差距可能会因此加大。

在过去十多年中，我国收入差距扩大主要发生在初次分配中。但是，短期内显著缩小收入差距是很难实现的。基于此，在初次分配时就规划出相应的服务业发展政策，很可能是解决劳动收入份额在初次分配时占比过低、收入分配不均衡等现象的一个可行和迅速的方法。

延伸阅读

表 6 - 10 为衡量不均衡的三种指标的相关系数矩阵。由结果可知，使用几种指标的差别并不显著。

表 6 - 10 不均衡指标的协方差矩阵（包括流动人口的城市居民）

	gini	P90P10	a1	ahalf
gini	1			
P90P10	0. 7354	1		
a1	0. 9751	0. 7519	1	
ahalf	0. 9719	0. 6409	0. 9774	1

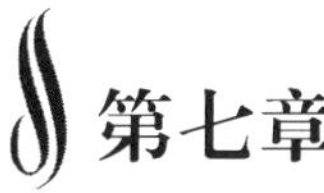

第七章 基本公共服务对收入分配的影响

一、引言

随着我国经济社会持续快速发展，我国正由生存型社会逐渐转变为发展型社会，人民生活需求日益多样化。全社会公共需求全面快速增长与公共服务、民生事业发展的不对称，正成为新阶段的突出矛盾。基本公共服务在城乡间、地区间、不同人群间的不均等，伴随着收入差距的扩大，已经不仅是单纯的财政问题，而是影响到社会、经济、政治的诸多社会问题之一，突出体现在三个方面：一是城乡差距。长期城乡间的二元结构使农村居民不能和城市居民一样平等的享有教育、医疗、社保等基本公共服务；二是地区间差距。发达地区和不发达地区经济差距，导致地方政府财政收入来源产生差距，以致基本公共服务供给的区域间非均等化，反过来又加剧了地区间差距；三是不同人群间的差距。农村居民、流动人口以及贫困弱势群体，与城市中高收入群体相比，获取基本公共服务的机会和结果都存在巨大的不均等。

从党的十六届六中全会提出“逐步实现基本公共服务均等化”，到党的十九大报告指出“加快推进基本公共服务均等化，缩小收入分配差距”，推进基本公共服务均等化这一任务已成为全面建设小康社会中不可或缺的目标。

“长三角”地区虽然经济发展处于全国较高水平、基本公共服务供给绝对量全国领先，但上述三个不均等的全国性问题，在其区域内依旧存在。譬如，基本公共服务供给不足、各类基本公共服务发展不平衡、城乡公共服务配置不均、区域内基本公共服务不均等。群众不断增长的服务需求，对区域基本公共服务的供给提出了更高的要求，这在经济发达地区更加明显。本书在此背景下，建立“长三角”地区的基本公共服务评价指标体系，评估了“长三角”地区的基本公共服务均等化进程，分析了基本公共服务非均等化对于建设全面小康社会的经济社会效应，并在此基础上探讨了实现“长三角”地区基本公共服务均等化的对策和建议。

二、基本公共服务的界定及评估指标构建

（一）公共服务的含义与特征

首先，基本公共服务的概念源于公共服务。Grubel 和 Walker（1988）从服务对象把服务业分为公共服务、消费者服务和生产者服务三类。其中，公共服务包括基本生存服务（社会保障、社会福利和救助等），主要是保障居民的生存权；公共发展服务教育、医疗等；环境服务（公共交通、公用设施和环境保护等）；公共安全（药品安全、治安和国防安全等）。

其次，公共服务与公共品的本质相同，区别在于形式上的有形和无形。纯粹的公共品在消费中具有非竞争性，在受益范围上具有非排他性。我国的公共服务并不属于完全的公共品，在设计上，通过地域、户籍限制等各种方式将某些社会群体排除出公共品的受益范围，具有部分的竞争性和排他性。因此，我国的公共服务接近于“准公共品”。公共服务本身供给和消费在空间上受到本地化的约束，在不同的地理范围内，各地公共品供给的水平不同。再加上排他的受益范围，直接导致城乡间、地区间、不同人群间基本公共服务消费和受益的非均等化现象日益突出。

（二）基本公共服务与一般公共服务

讨论基本公共服务均等化的必要环节是界定“基本”和“一般”。学者们从公共服务的视角、消费需求视角、政府职能的视角界定了“基本”的范围并给出诸多分类。例如，陈昌盛和蔡跃洲指出（2007）基本公共服务是建立在一定社会共识基础上，根据一国经济社会发展阶段和总体水平，为维持本国经济社会的稳定、基本的社会正义和凝聚力，保护公民个人最基本的生存权和发展权等必要的公共服务。国务院 2017 年《“十三五”推进基本公共服务均

等化规划》中的基本公共服务清单中，基本公共服务围绕从出生到死亡各个阶段和不同领域，包括公共教育、劳动就业创业、社会保险、医疗卫生、社会服务、住房保障、公共文化体育、残疾人服务八个领域。虽然界定视角和分类不同，但本质上都肯定了基本公共服务是最贴近民生的那部分公共服务。

本书认为，基本公共服务不管分类如何，应强调其基本性，它是公共服务应该覆盖的最小范围。基本，即是公共程度较高、公共品特征较强、与民生密切相关的公共服务。因此，基本公共服务的基本性，一是看其正面外部性的大小，二是看其是否具有非竞争性和非排他性，三是看是否与民生密切相关。更高层次的需求，是一般公共服务的范畴，可以由市场机制补充提供。例如，义务教育既具有较大的正外部性、非竞争性和非排他性，又与民生密切相关，可以看成基本公共服务，而高等教育具有准公共品特征，正外部性较小，就属于一般公共服务。

（三）基本公共服务均等化

均等包含均衡和相等的意思。基本公共服务均等化，即基本公共服务的资源、惠及范围要包括全体社会成员，而不是厚此薄彼（卢洪友等，2012）。

对于均等的共识是，均等不是绝对的均等，而是承认地区、城乡、人群间存在一定的差别，但对具体的均等化标准可以有不同的选择（倪红日和张亮，2012）。因此这种均等是大致的、相对的。《“十三五”推进基本公共服务均等化规划》指出，基本公共服务均等化是指全体公民都能公平可及地获得大致均等的基本公共服务，其核心是促进机会均等，重点是保障人民群众得到基本公共服务的机会，而不是简单的平均化。因此，地区、城乡、人群之间并不一定享有完全相等的公共服务，而是可以存在差别。但是大体来说，农村居民和城市居民，低收入人群和高收入人群，发达地区和不发达地区居民，能够获得的各种基本公共服务资源，在数量和质量上应基本相等。

总之，基本公共服务均等化的目标，是全社会成员均等化的分享数量、质量大致相当的各种基本公共服务，将人群之间的差距控制在较小的范围内。我国基本公共服务供给的主要问题，是在地区、城乡、人群之间，基本公共服务供给水平的差异，即“非均等化”。因此具体来说，我国基本公共服务均等化的终极目标，就是在地区、城乡、人群之间，实现基本公共服务的数量、质量上的均等配置。

（四）基本公共服务水平测度指标体系

衡量基本公共服务的指标通常分为两类：一类为投入指标，即根据劳动、资本、土地等生产要素投入情况（如地方财政支出、教室医院密度等）来表示公共服务均等化程度。这是大部分研究所采用的办法。然而，仅仅是投入并不能有效地转化为公共服务供给，也不能够衡量公共服务的绩效水平。另一类基本公共服务的指标为产出指标，即根据公共服务供给绩效来表示公共服务均等化程度，如 De Witte 和 Geys（2011）把公共服务的生产分为一个两阶段过程，使用了一个非参数模型来评估公共图书馆的供给效率；乔宝云等（2005）以小学入学率作为公共教育服务的供给指标；卢洪友等（2012）从投入—产出—受益三个维度，系统分析了中国的基本公共服务的均等化程度。

从实际操作层面来看，能够直接获取的客观数据有一定局限，故不能完全使用多阶段的指标。从服务本身的性质来看，由于服务的无形性，产出、质量存在难以量化的特点；服务的投入和产出又往往具有同时性，它的投入产出其实不易区分。故在考虑到数据的可获得性基础上，我们建立的评价指标，一定程度的考虑了指标的多维度和全面性。参照《“十三五”推进基本公共服务均等化规划》八大类基本公共服务，本章概括出四大类基本公共服务：公共教育、文化体育、社会保障和就业、医疗卫生。对于各地级市的各类基本公共服务，构建基本公共服务水平测度指标如表 7 - 1 所示：

表 7 - 1　“长三角”地区地级市基本公共服务水平测度指标

分类	类型	二级指标	计算方法
公共教育	投入	普通中等学校的师生比	普通中学专任教师数 /普通中学在校学生数
	投入	地方公共财政支出中教育占比	地方财政教育事业费支出/地方财政一般预算内支出
医疗卫生	投入	人均医生数量	医生数/地区人口
公共文化体育	投入	人均拥有公共图书馆图书藏量	公共图书馆图书藏量/地区人口
社会保障和就业	产出	基本养老保险参保率	参保人数/地区人口
	产出	基本医疗保险参保率	参保人数/地区人口
	产出	失业保险参保率	参保人数/地区人口

在测度基本公共服务水平的前提下，进一步计算出不均等程度的指标。对于各个省份和直辖市，同样也建立基本公共服务水平测度指标，如表7－2所示：

表7－2　“长三角”地区两省一市基本公共服务水平测度指标

分类	类型	二级指标	计算方法
公共教育	投入	人均教育财政支出	地方财政教育支出/地区城镇人口
医疗卫生	投入	人均医疗卫生支出	地方财政医疗卫生支出/地区城镇人口
公共文化体育	投入	人均文化体育与传媒财政支出	地方财政文化体育与传媒支出/地区城镇人口
社会保障和就业	投入	人均社会保障和就业财政支出	地方财政社会保障和就业支出/地区城镇人口

注：我国基本公共服务的提供具有明显的城乡界限，农村居民获得的基本公共服务远远少于城市居民，故此表使用城镇人口数据而非总人口数据。

（五）计算方法

1. 无量纲化

某一些指标具有不同的量纲，为了使不同单位的指标进行加总，以及纵向比较各年度水平，在对原始指标合成之前，需要无量纲化处理。本书采用卢洪友等（2012）的方法，用极差处理法进行无量纲化，方法如下：

令 x_{it} 表示t年的第i个指标，如果该指标与基本公共服务水平呈现正向关系，则该指标i得分：

$$y_{it}=(x_{it}-x_{min0})/(x_{max0}-x_{min0})$$

其中，x_{min0} 为基年中25个城市该指标的最小值，x_{max0} 为基年中该指标的最大值。如果某项数值小于基年的最小值，该项指标就会小于0。

2. 基本公共服务的水平指标

在对具体指标进行无量纲化处理后，需要指标确定权重对指标进行合成，从而形成各级指数及总指数。确定权重的计算方法，主要有主观赋权法和客观赋权法两种。本文选取的指标在重要性上基本可以保持对称，故本文使用算术平均法确定权重，赋予各指标相等的权重，将下一级指标依次向上合成，从而得到各级基本公共服务分类指标和基本公共服务水平的总指标[①]。

3. 基本公共服务的不均等程度指标

最终衡量各地区基本公共服务均等化程度，需要用表示不均等程度的统计指标来反映。常用指标有基尼系数、泰尔指数、变异系数等统计指标。本文采用最普遍使用的基尼系数，来衡量各省的公共服务均等化水平。本文使用的公式为：

$$G = 1 + (1/n) - 2/(m n^2) \sum_{n-i+1} y_i$$

其中，n 为该省份内地级市个数，m 为该省份内地级市某基本公共服务水平的算术平均数，y_i表示第 i 个地级市的基本公共服务水平，按照升序依次排列。由于上海为直辖市，无法计算其不均等程度，本章只计算了江苏和浙江两省各地级市间对应公共服务的基尼系数。

以上计算适用于地级市指标的计算。如表 7－2 所示，“长三角”两省一市基本公共服务水平指标体系与各地级市不同，仅用人均财政支出表示公共服务水平，因此这是一项主要从投入来衡量各地区水平的指标。为了清晰体现地区间的差异，我们利用集中系数对比两省一市与全国基本公共服务水平差异。将省份 i 的 j 类公共服务的二级指标按人口平均与全国相应人均指标相比：

$$y_{it} = x_{ijt} / \overline{x}_{jt}$$

其中，对于 j 类公共服务，$\overline{x}_{jt}$为全国人均水平。如该数值大于 1，则说明该地区的基本公共服务水平在全国之上，数值越大，水平越高。该指标不仅表示公共服务水平与全国水平的差异，也强调了该地区的基本公共服务水平是否能够达到相对的全国“均等化”水平。

三、长三角地区基本公共服务均等化进程评估

（一）总体发展水平描述

从规模大小来看，“长三角”作为东部地区，是全国基本公共服务发展较

① 社会保障方面的指标仅从 2011 年开始有数据，本书同时计算了包括社会保障的基本公共服务指标以及不包括社会保障的基本公共服务指标，发现两者变化趋势和大小差别不大，因此本书的总均等化指标如无说明指的是不包括社会保障的三大类服务的基本公共服务指标。

好的区域之一，但其内部差距明显，基本公共服务水平按照地区自然的分为三个阶梯。第一阶梯上海作为全国基本公共服务水平最高的地区之一，指数在所有年份中一直保持在高于全国水平的1.5倍以上。第二阶梯浙江，在所有年份中的指数基本与全国基本公共服务水平持平。第三阶梯江苏在所有年份中的指数与全国平均水平相比，处于0.6—0.8的偏低位置。如果不考虑人口规模的影响，2016年，上海江苏浙江的地方公共财政支出分别为6 918亿元、9 990亿元、6 976亿元。其他各项财政支出，江浙两省也高于上海，在全国处于前列。然而，考虑了人口因素之后，江浙两省相对于全国基本公共服务的优势就被弱化了。因此，按照绝对规模排名的指标，只能说明该区域是基本公共服务提供大省而非强省。此外，基本公共服务水平在两个省内部的分布不均等，也不与人口规模相匹配，说明某些人口较多的地区可能并没有与之对应的基本公共服务，地区发展差距和城乡差距较大。

动态来看，“长三角”两省一市的基本公共服务总体水平具有逐步走向均等化的趋势。2007年，三地基本公共服务总体水平分为三个阶梯，但随着时间推移，三地间的基本公共服务水平的差距缺口缩小。上海绝对水平高，但相对优势变小，表明“长三角”三地间的均等化进程较快。到了2012年，三地的基本公共服务水平走势相对稳定，但依旧呈现出上海高于浙江高于江苏的格局。

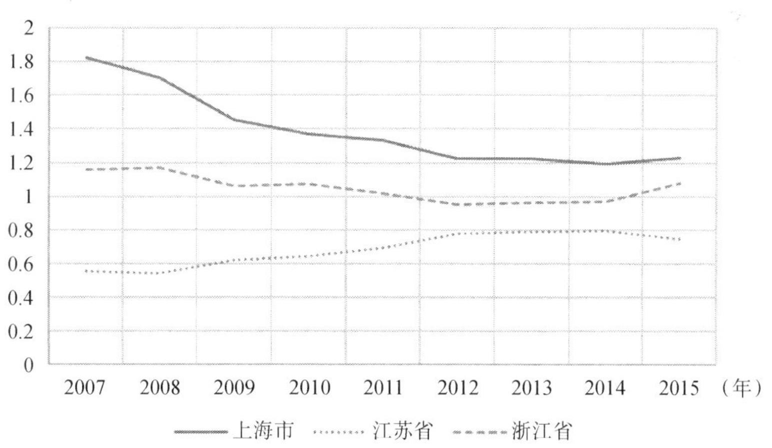

图7－1　2007—2015年“长三角”地区两省一市基本公共服务分地区水平指数

（二）内部结构演化

总体上“长三角”地区基本公共服务水平分为三个阶梯，但也不断趋于均等化。就不同类别的基本公共服务来说，由于其行业特性、政策支持等的不同，分地区分时间看呈现出不断的演化特征。从投入的绝对规模来看，“长三角”各省的各项财政投入规模领先于全国，基本公共服务投入排序依次是教育、医疗卫生、社会保障和文化体育，其中教育投入最多，远远高于其他服务，文化体育投入最少，远远低于其他服务（见图 7－2）。这表明在“长三角”各项基本公共服务中，教育的发展具有绝对优势，而文化体育等还没有受到重视。从投入的相对水平来看，与全国相比，虽然在总量上占优，但消除人口影响后，教育、医疗卫生、文化体育的投入水平，仅在 2008 年之前领先于全国，2008 年以后大致与全国水平持平，有些年份低于全国水平。社会保障类的财政投入长期低于全国水平（见图 7－3）。这也可以再次肯定，“长三角”内部基本公共服务投入水平不均衡。此外，随着全国各地不断加大基本公共服务投入水平，“长三角”地区的基本公共服务相对于全国人均水平的优势在缩小，主要的短板在社会保障方面。

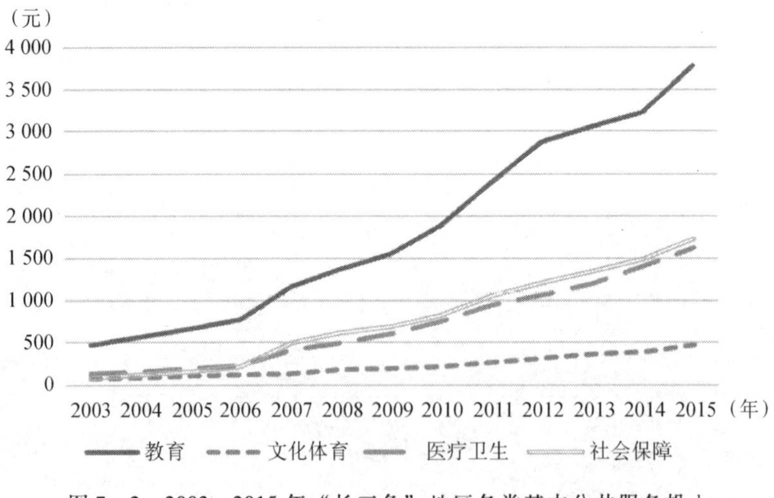

图 7－2　2003—2015 年“长三角”地区各类基本公共服务投入

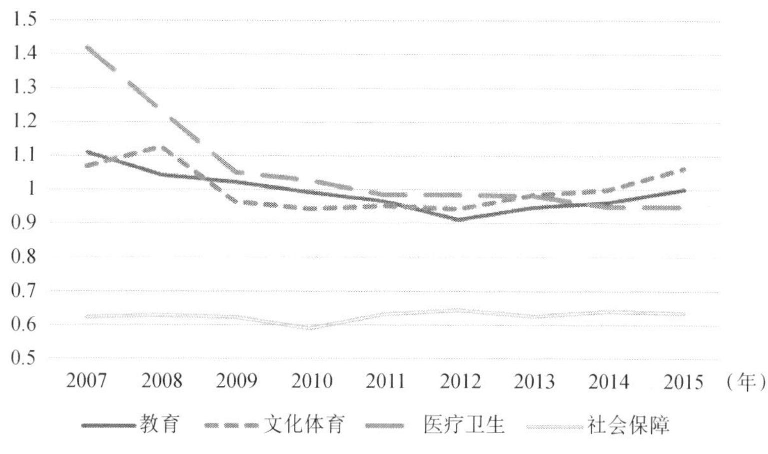

图 7－3　2007—2015 年“长三角”地区各类基本公共服务水平指数

分类来看，教育是投入绝对规模最大的基本公共服务，同时地区间差距也较大（见图 7－4）。上海市 2007 年的人均教育支出达到全国平均水平 2.5 倍以上，而同时江苏的人均教育支出不足全国的一半，三地间在教育方面的差距和总体基本公共服务的差距格局类似（见图 7－5）。医疗卫生属于支出规模中等的基本公共服务，与全国平均水平接近，三地间的人均医疗卫生支出差距相对较小，说明医疗卫生方面三地的均等化程度较高。2011 年以前，上海市的人均医疗卫生支出最高，在 2011 年以后，被江苏省所赶超，自此之后的排名一直是江苏省、上海市、浙江省。浙江在医疗卫生方面的支出比较稳定，保持在全国水准的 80% 左右。文化体育方面，上海、浙江在这项上人均投入较大，浙江略低于上海，而江苏在这方面与其他两地有一定差距。社会保障方面，江苏的人均投入和上海、浙江有较大的差距，虽然 2007 年到 2015 年社会保障投入水平不断上升，但在 2015 年依旧只有全国水平的 40%，和所有年份都高于全国的上海、浙江差距甚远。因此在所有基本公共服务之间，不管从绝对规模还是分类分地区的水平看，江苏离均等化水平最远的是社会保障类基本公共服务。教育是“长三角”地区绝对规模大，地区间均等化程度不高的基本公共服务。

分地区来看，由于城市是人口集中地，在低成本集中提供各种服务方面具有规模经济和靠近消费群体的优势，所以必然具备平均水准以上的基本公共服务供给能力。上海作为行政等级最高的城市之一，在获取各种资源上比其他两省有绝对优势，在每一项基本公共服务上基本都处于领先地位。江苏、浙江两省，浙江省的基本公共服务投入水平高于江苏省，仅在医疗卫生这一项上投入不足。江苏的各项服务的人均支出水平，除了医疗卫生方面高于全国水平外，其他类基本公共服务的人均支出水平，不仅低于浙江，还低于全国平均水平，而其中又以社会保障类基本服务最低，说明在民生方面江苏还存在较大不足。

分时间来看，上海与全国平均水平的领先差距在日益缩小，表明全国的基本公共服务投入一直在增加；浙江的基本公共服务投入水平与时间的相关性并不明显，但即使是投入不足的服务，也没有与全国水平有太大的差距，说明浙江的均等化水平较高，发展较为均衡；比起其他两地江苏投入不足，但可以看出逐年递增的趋势，因此均等化有了相对的进展。

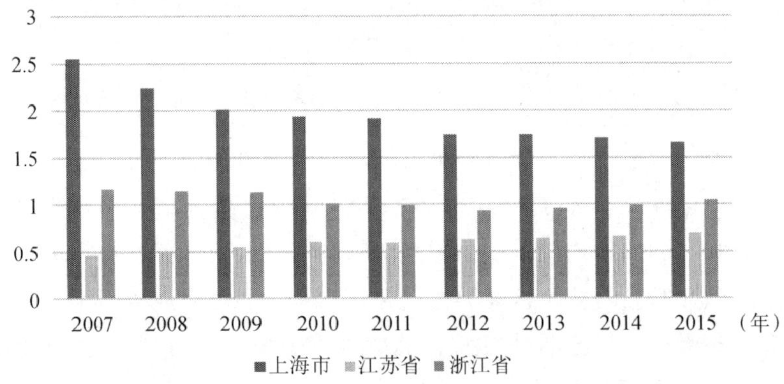

图 7－4　2007—2015 年“长三角”地区两省一市分地区教育水平指数

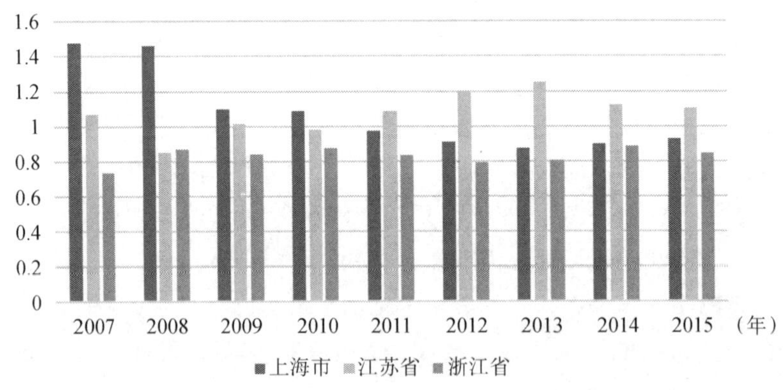

图7－5　2007—2015 年“长三角”地区两省一市分地区医疗卫生水平指数

（三）城市间均等化进程分类特征

从绝对数值来看，“长三角”地区各地级市之间总体基本公共服务均等化

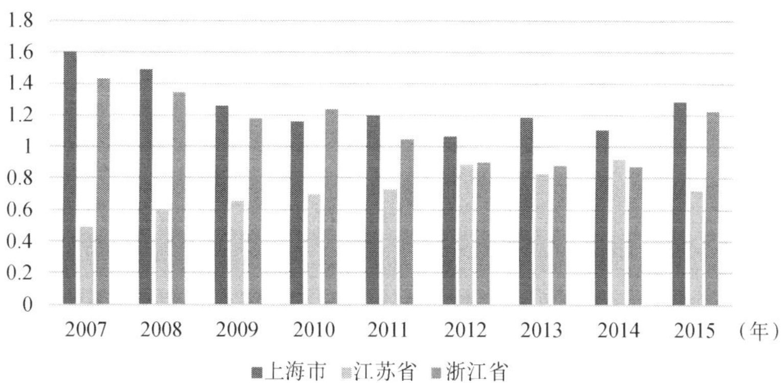

图 7-6　2007—2015 年“长三角”地区两省一市分地区文化体育水平指数

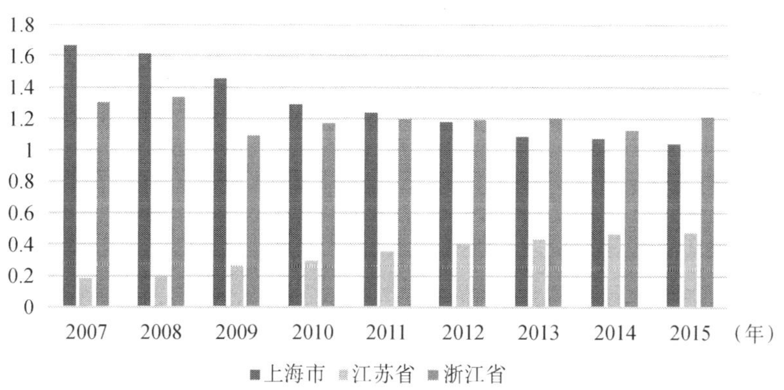

图 7-7　2007—2015 年“长三角”地区两省一市分地区社会保障水平指数

水平较高。按照联合国有关组织对基尼系数的规定，系数低于 0.2 表示收入绝对平均，系数低于 0.3 表示收入比较平均，在 0.3—0.4 之间表示收入相对合理，0.4 以上表示收入差距较大。“长三角”地区总体基本公共服务的基尼系数在 0.2 上下波动，在 2011 年后接近于 0.1 上下。2011 年后，各项基本公共服务的基尼系数逐渐趋于下降，可见“十一五”后提出推进公共服务均等化后，“长三角”地区的基本公共服务均等化进程取得了成效。结合基本公共服务发展水平来看，基本公共服务水平发展和均等化是并行不悖的，基本公共服务投入水平上升的同时，城市间均等化水平也在提高（见图 7-8）。

分类来看图 7-8，绝对数值上，教育的基尼系数在 0.1 上下波动，医疗卫生的基尼系数在 0.2 上下波动，文化体育的基尼系数在 0.4—0.6 之间波动，社会保障的基尼系数在 0.3—0.4 之间波动。趋势上，各省各项基本公共服务均向较低的基尼系数上收敛（见图 7-9 至图 7-12）。总的来说，教育在“长

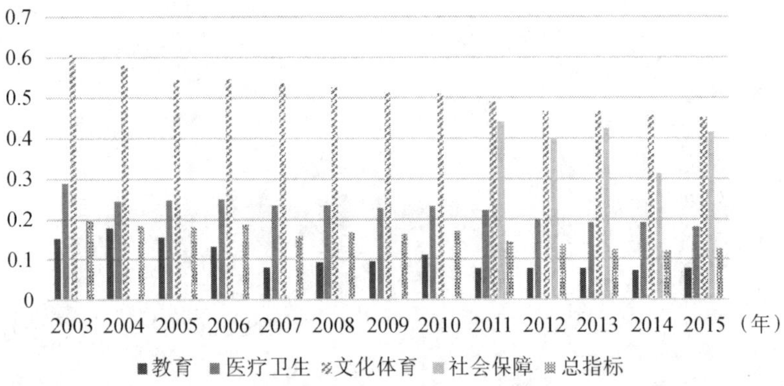

图 7－8 2003—2015 年“长三角”地区城市间基本公共服务基尼系数

三角”各城市间率先达到了很高的均等化程度，而省际差距较大，说明农村和城市间、区域间教育投入的差距是目前“长三角”地区教育均等化的主要矛盾。医疗卫生在“长三角”各城市间的均等化程度仅次于教育，分布比较平均，基尼系数的变化也较平稳，省际医疗卫生水平差距较小，说明各城市应当根据各自情况进一步加大基本医疗卫生的投入力度。文化体育、社会保障属于不均等程度较大的两项基本公共服务。一般来说，直辖市相对于省会城市，省会城市相对于一般地级市，承担了更多的文化服务中心功能。故依靠城市行政等级发展的基本公共服务，在城市间的分布体现出较高的不均等。文化体育方面的投入规模上来说也是最小的。因此，“长三角”地区文化体育类基本公共服务在总量和结构上都需要进一步优化。社会保障类的基本公共服务同样存在这个问题。

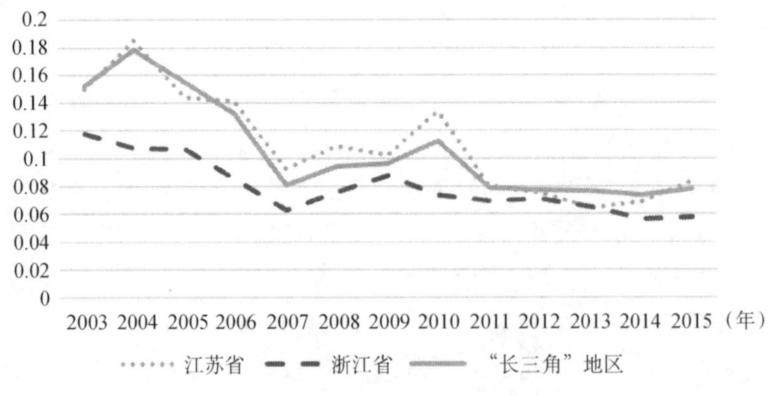

图 7－9 2003—2015 年分省城市间教育基尼系数

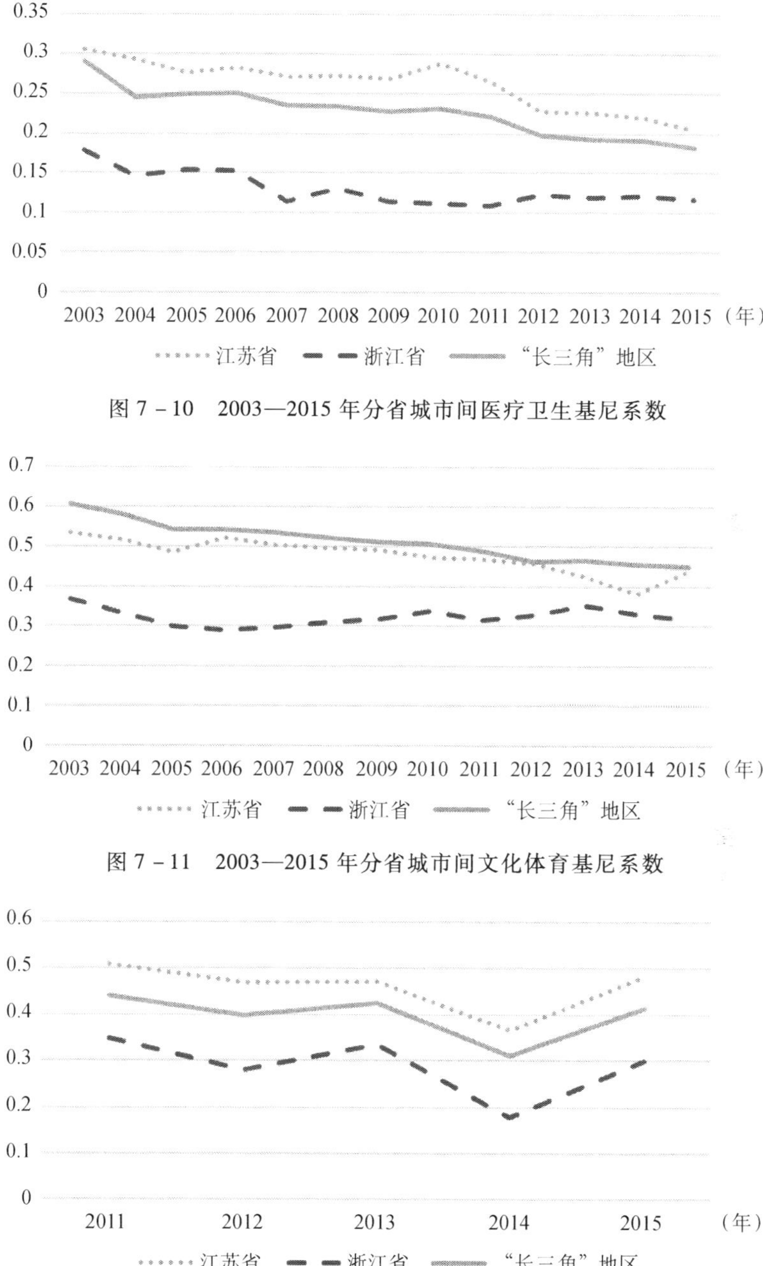

图 7－10　2003—2015 年分省城市间医疗卫生基尼系数

图 7－11　2003—2015 年分省城市间文化体育基尼系数

图 7－12　2011—2015 年分省城市间社会保障基尼系数

（四）地区间的对比分析

分地区来看，各省城市间的基本公共服务发展水平与均等化水平是一致的。三地发展水平指数上呈现的阶梯状特征同样存在于基尼系数的图形上（见图 7－13、图 7－14 和图 7－15），大致来说是上海优于浙江优于江苏，但省际差异自“十一五”以后逐年缩小。江苏城市间各项基本公共服务的均等化水平均弱于浙江，表现了江苏省内较大的地区差异。从时间上来看，江苏自“十一五”以后基本公共服务不均等程度减弱，各项基本公共服务不均等程度也同样缩小；而浙江虽然城市间差异绝对数值小，但随时间改善的程度有限，因此相对于江苏的优势在减弱。

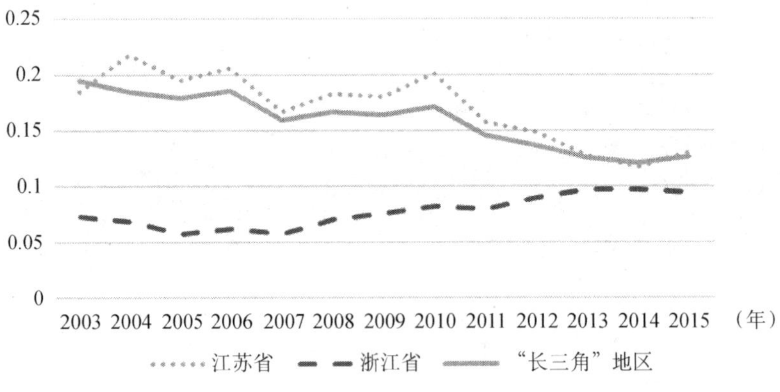

图 7－13　2003—2015 年分省城市间基本公共服务基尼系数

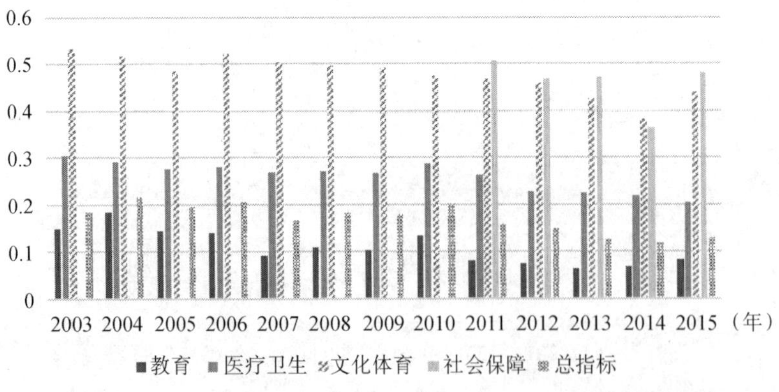

图 7－14　2003—2015 年江苏省各项基本公共服务基尼系数

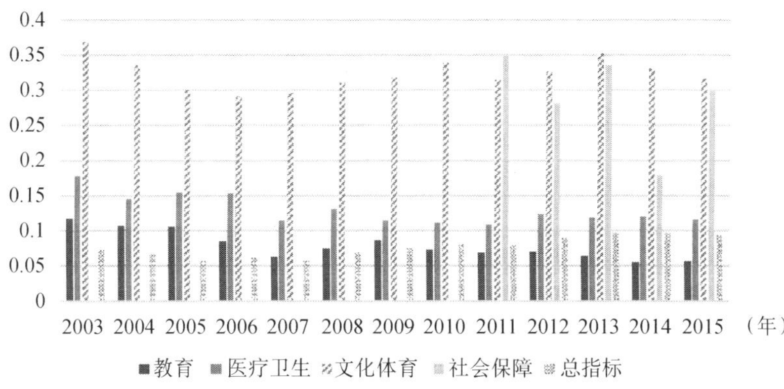

图 7－15　2003—2015 年浙江省各项基本公共服务基尼系数

分城市来看，我们将计算得出的各地级市基本公共服务水平分类排名如表 7－3 所示。

表 7－3　　各地级市基本公共服务水平与人均 GDP 排名

名次	教育	文化体育	医疗卫生	社会保障	总	人均 GDP
1	泰州	上海	杭州	无锡	杭州	苏州
2	南通	杭州	苏州	苏州	上海	宁波
3	镇江	苏州	宁波	上海	苏州	镇江
4	南京	南京	上海	宁波	南京	杭州
5	徐州	嘉兴	无锡	杭州	舟山	无锡
20	常州	连云港	扬州	盐城	扬州	衢州
21	宁波	淮安	泰州	徐州	丽水	淮安
22	宿迁	盐城	徐州	宿迁	淮安	金华
23	衢州	徐州	连云港	连云港	连云港	连云港
24	丽水	宿迁	宿迁	淮安	宿迁	宿迁

从表 7－3 中我们可以得出以下结论：第一，行政等级高的城市，总体基本公共服务水平明显高于其他城市。总基本公共服务水平前 5 名中，上海、南京、杭州在列，处于领先地位，在其他几类公共服务排名中，也可以看见这几个城市。它们城市行政等级高，城市规模大。这是因为基本公共服务的水平不仅取决于地方政府的财政收入，还取决于当地居民对服务的消费需求。后者正是受到城市规模即市场大小的直接影响。然而，除了沪、宁、杭三市外，“长三角”其他各市人口水平相似，却在基本公共服务水平上参差不齐。说明基

本公共服务水平受到城市行政等级、经济发展水平影响更大，受城市规模影响较小。第二，经济发展水平能够影响到基本公共服务水平。经济发展程度较高的城市，有可能把主要资源投入经济发展中，其基本公共服务水平未必很高。然而，经济发展水平较低的城市，其基本公共服务水平却普遍较低。比如人均GDP的后5名城市，为苏北和浙西南等地区，其总体和分类基本公共服务水平都偏后。经济发展水平较低的地区，首先会把主要资源投入到对经济增长拉动较大的项目，对于与GDP关系较少的民生类支出，缺乏投入的动力。反过来说，经济发展水平较低的地区，财政收入直接制约了各项基本公共服务财政支出的规模。第三，具体看各项基本公共服务，不同城市在不同类别的公共服务上各有特点。例如，在教育这一类公共服务上，排名前5的均为江苏的地级市，而其中有几个在其他服务上排在后五位。这说明不同的城市应根据各自的发展状态提出针对性建议，促使各项基本公共服务水平的协调发展。

四、基本公共服务发展如何影响收入分配

（一）基本公共服务均等化调节收入分配

一方面，从初次分配的视角看，基本公共服务通过改变人力资本的方式影响生产率，提高居民初次分配的绝对收入。教育、医疗、文化体育等基本公共服务是居民进行人力资本积累的基础，对这些方面进行投资也就是在对居民的生产效率进行投资，因此获得更多的收入。贝克尔（Becker，1987）在他的《人力资本》中已经清晰论述了这种作用过程，“人力资本投资的方式多种多样，包括上学、在职培训、医疗护理、移民及价格和收入的信息搜寻。……所有这些投资都能够提高技能、知识或者健康，从而提高了货币收入和心理收入”。教育、医疗、文化体育虽是不同的公共服务，但直接影响到人力资本的形成，收入效应一致，而效率工资理论为人力资本和劳动收入的关系提供解释框架，故调节收入分配的机制都是相似的。

教育对收入分配的调节，主要表现在对劳动者技能的改善上。以贝克尔、舒尔茨（Schultz）和明瑟（Mincer）为代表的人力资本理论学者均认为，教育是人力资本形成的主要方式。教育作为被研究得最多的人力资本，劳动者受教育水平对于收入的直接影响、教育支出的收入效应，已经受到广泛的认可。受

教育年限每增加一年，劳动者工资增加10%左右（Jones，1998）。教育水平的提高与教育分布的均等化也与收入分布的均等化直接相关（Gregorio 和 Lee，2002）。在中国，教育是影响收入不平等的首要贡献因素，教育水平的差异解释了中国城乡收入差距的34.7%（陈斌开等，2010）。政府教育投入的城市偏向导致了教育质量的差异，而教育质量的差异又影响到城乡居民的教育回报率，城市居民进一步进行教育投资，人力资本水平的差异将使城乡差距继续扩大。

医疗卫生服务对收入分配的调节，主要表现在提升劳动者体力和健康状况上。良好的个人健康状况，是获得收入的前提条件。它既可能通过人力资本、工作时间、劳动参与率和机会选择等各方面来影响收入，又可能影响到家庭医疗支出数额，从初次分配和再分配两个方面共同调节收入分配。这方面国外学者已有很多研究，如 Luft（1975）就指出，具有良好健康状况的人，年收入比健康状况不好的人高37%；Alam 和 Mahal（2014）回顾了健康冲击对中低收入国家影响的百余篇实证文献，证实为了支付医疗开支，家庭不得不通过储蓄、借贷、变卖资产和牲畜，低收入家庭无法完全应付重大健康冲击造成的收入损失，故中低收入国家的劳动力供应大幅减少。由于中国城市居民的享有较全面的医疗卫生服务，他们的收入也并不完全市场化，中国学者主要关注医疗卫生对农村居民的收入影响。张车伟（2003）利用中国贫困农村的数据，发现所有健康和营养方面的指标都会影响农民收入。刘国恩等（2003）发现，对于中国的农村居民来说，健康的收益率比城市人口更大，这主要是因为农民的收入更加依赖体力活动和个人身体情况，并且不像城市一样工资有固定的成分；而对于女性来说，健康的收益率比男性更大。此后，不管是从收入方面（苑会娜，2009），还是从支出方面展开的研究（田艳芳，2014），无不肯定了医疗卫生以及健康对收入分配的积极作用。

另外，通过社会保障等制度，基本公共服务本身是再分配政策的一个部分，因其本质是将社会所有不同收入水平者提供的税收收入进行再分配，缩小人群之间的相对收入差距。收入再分配的直接目的，就是通过收入从高收入群体向底层低收入群体转移的方式，“削峰填谷”，调整收入差距；基本公共服务的存在是为了促进公平、保障社会成员的福利，本身已经包括了收入再分配和社会保障政策的内涵。社会保障提供水平越高，对于收入再分配的调节功能就越好。

验证社会保障的收入再分配效应，其思路是通过比较社会保障提供前后居民初次分配收入（市场收入）与再分配收入（可支配收入）的基尼系数变化，评估社会保障这项公共服务调节收入分配的效果，核算方法如下：

市场收入 = 工资收入 + 各项财产性收入 (7-1)

可支配收入 = 市场收入 -（各种所得税 + 缴费）+ 转移支付 (7-2)

总的来看，发达国家主要通过再分配政策实现缩小收入差距的目的，其社会保障提供水平较高，因此大量实证研究肯定了社会保障的收入再分配功能。在西欧和北欧，其社会保障制度大约使收入差距降低 30% 左右（李实等，2017）。在税收和社会保障等再分配方式中，各项直接的社会保障对于收入分配的调节作用要远远大于税收。国家不同，社会保障的再分配效应也不同，例如，在瑞典，社会保障调节的作用达到 80% 以上，而在美国，这个作用只有 40%（Ervik，1998）。

虽然中国的现有社会保障制度和体系存在很多缺陷，学者们对它是否能够恰当的发挥调节作用也存在争议，但随着制度的逐渐完善，近年来在指出制度局限性的同时，不少学者证明了社会保障制度总体上缩小收入差距的积极作用。王延中等（2016）通过 2012 年在 6 个省份做的调查，发现社会保险转入前后全体居民样本基尼系数下降了 6.4%，但在城乡居民间存在分层正逆向调节的现象。李实等（2017）使用 CHIP2013 年的数据，说明社会保障制度在缓解贫困和调节收入分配方面都发挥了一定的作用。经过税费和各社会保障项目的调节后，2013 年全国居民市场收入差距下降了约 11%。社会保障对收入再分配的调节作用在城市地区更为明显。在对具体的分项社会保障制度上，社会养老保险制度（王晓军和康博威，2009）、新农合医疗保险制度（谭晓婷和钟甫宁，2010）、最低生活保障制度（蔡萌和岳希明，2018）等都能够明显缩小收入差距。

将以上几个要素同时放于基本公共服务均等化的框架下看，基本公共服务是人力资本发展的基础，既是人们追求的福利目标，也是经济增长、收入增加的源泉。它的发展将有利于缩小收入差距，这种正向调节作用可以概括为图 7-16。

（二）基本公共服务非均等化逆向调节收入分配

基本公共服务作为再分配政策的一个环节，最终目的是通过再分配政策降低不平等程度。理论上应偏向初次分配中的弱势人群，而不是偏向初次分配的高收入人群。如果基本公共服务偏向高收入人群，那么它就失去了再分配的目

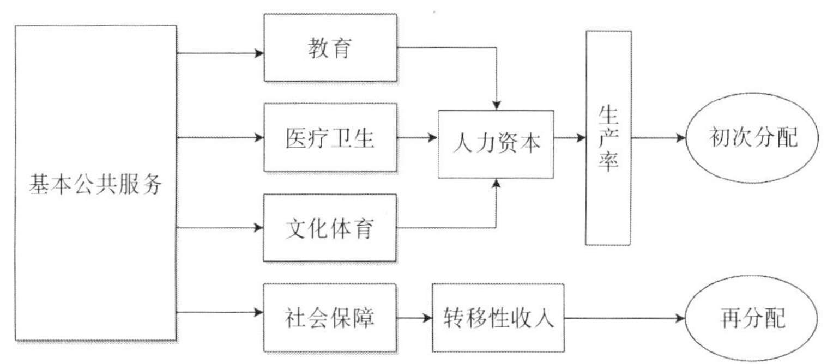

图 7－16　基本公共服务的正向调节作用

的，不仅不能实现公平，对收入分配也只能逆向调节，马太效应愈发严重，而这正是中国在解决不平等的问题时遇到的困境。

首先，基本公共服务的配置现状与政策目标错位。基本公共服务的提供，受到当地财政的约束。地区经济发展水平高低直接影响了当地的基本公共服务。前文对“长三角”地区基本公共服务的评估结果已经说明，越是经济发达的地区，越是收入高的群体，其享有基本公共服务的程度也就越高。图 7－17 描绘了“长三角”城市间基本公共服务指数和人均 GDP 及人均工资的直接关系，基本公共服务水平与该城市人均 GDP、人均工资呈现明显的正相关。而再分配政策的目标，却是要求基本公共服务的配置偏向欠发达地区和低收入群体，配置的现状和目标错位。

其次，基本公共服务的配置错位，实际上放大了已经存在的城乡、地区、人群间的收入差距，逆向调节因此出现。根据式（7－2）不难看出，转移支付在收入分配中起了平滑收入分布曲线、缩小收入差距的作用。而基本公共服务的价值可以看成是再分配中的转移性收入，仅有高收入者获得转移性收入，说明高低收入群体间的相对收入差距拉大了。基本公共服务配置的错位，不仅没有实现“削峰填谷”的目的，反而使收入分布曲线更加陡峭。张万强（2009）测算了转移支付后的辽宁省居民收入差距，基本证明了这种情况：收入越高的群体转移支付反而越大，某些转移支付制度如住房公积金等明显向高收入者倾斜，困难边缘群体得到的转移支付的量很小；地区经济越发达，财政收入越高，转移支付量越多；城乡分割的转移也使城镇居民和农村居民得到的转移支付存在较大差别。具体来看，发现教育、医疗、社会保障等基本公共服务逆向调节收入分配的研究屡见不鲜（Li 和 Zhu，2008；谷成和李俊毅，2004）。

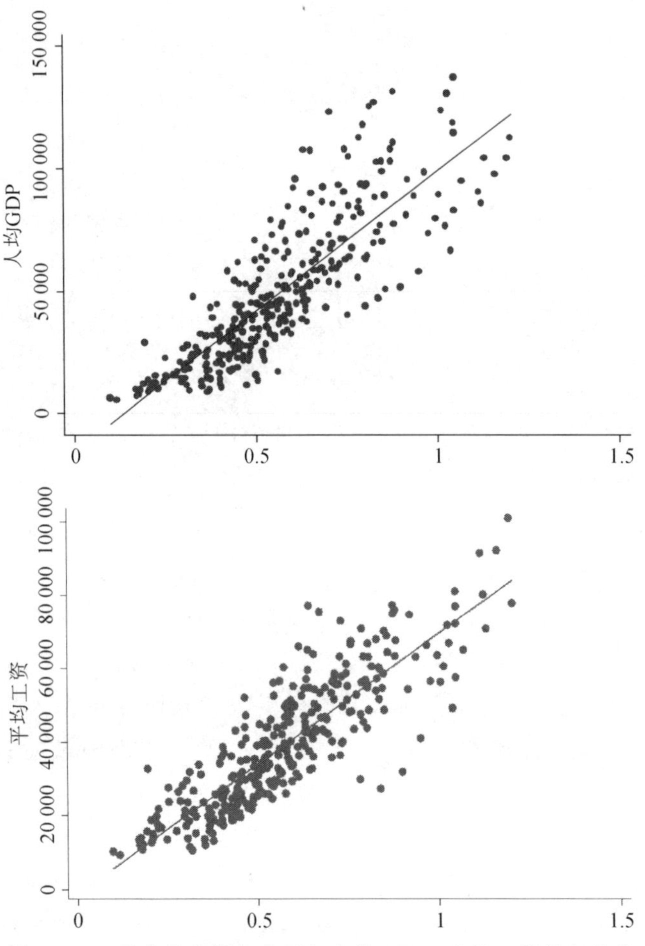

图 7－17　基本公共服务水平与人均 GDP、人均工资的相关性

最后，马太效应使已有的收入和公共服务的不均等陷入恶性循环。从个人的层面看，不均等的公共服务供给使城乡、地区、人群间在教育、医疗、体育等方面的差距拉大，形成劳动力不均等的技能和收入水平，而个人收入水平的高低直接制约了对自身和后代的消费投资，非均等化和收入差距由此进入下一轮循环；从地区的层面看，不均等的公共服务供给、收入差距的存在，使高素质劳动力从农村单向流入城市，从不发达地区流入发达地区，农村和不发达地区无法完成人力资本的持续积累，公共服务投资也无法得到较高的回报率，地区和城乡间的差距更加两极分化。

通过逐步推进基本公共服务均等化，将有可能遏制收入差距不断扩大的趋势，从而打破这种循环。由于要素具有边际报酬递减的规律，对于欠发达地区和贫困人口的基本教育、医疗等公共服务的投入，不仅具有较高的个人收益率，而且能够起到立竿见影的效果，从源头上缩小收入差距。第一，我国经济发展水平较低，低收入、低技能人群较多，农村平均教育年限较低，基础教育严重供不应求。与中高等教育相比，基础教育的个人收益率较大。教育作为影响收入的首要贡献因素，是提高低收入劳动者收入的最有力手段；对于一个国民平均教育水平较低的国家，随着基本教育的覆盖和扩展，平均受教育年限的提高，长远来看将降低受过较多教育者和受过较少教育者之间的收入差距。第二，目前我国从事第一、二产业的体力劳动者较多，低收入群体也以体力劳动者为主。健康是体力劳动者最大的资产，也是决定劳动者收入的重要因素。劳动者身体素质的提高，不仅有利于经济增长，也有利于增加社会福祉和减少贫困。第三，本书前文的分析已经证明，我国的收入差距的一个重要成因是低收入群体收入过低。只有通过推进基本公共服务均等化，将基本公共服务偏向欠发达地区和贫困人口，才有可能从源头上缩小收入差距。因为只有当低收入群体的收入增加幅度较大时，收入差距不断扩大的走势才有可能减速。

五、推进基本公共服务均等化的政策重点与措施

本章分析证实，“长三角”地区尽管是我国经济发达、基本公共服务供给绝对量领先的最发达地区之一，但其也存在着基本公共服务供给不足、各类基本公共服务发展不平衡、地区间发展不均等、城乡发展不均等比较严重的社会基本矛盾问题。造成这种情况的原因有多方面，比如过去那种发展性而非民生型的政府，其职能是专注于经济发展而不是专注于民生，因此不会也没有将资源更多地分配至可持续发展的民生和公共领域。财政支出结构上的失衡，直接导致对居民的公共服务供给不足。因客观存在的地区发展水平差异，使地方政府在财政收入来源上相差较大，难以实现公共服务投入均等。这种公共服务的不均等，反过来又加剧了地区、城乡和人群间的不平等，形成了公共服务逆向调节收入分配的循环。

本章据此提出推进“长三角”地区基本公共服务均等化的战略、政策重点与措施是：

第一，进入新时代我国社会发展的基本矛盾已经发生根本变化，人民群众追求美好生活的需要与发展不平衡不充分的矛盾充分显现，经济发展也已经由

追求高速度阶段进入了追求高质量发展阶段，由此决定了政府的职能，也应该主要由追求GDP和财政收入的增长，转化为主要为区域内民众提供社会公共产品和服务。过去地方忽视辖区内居民基本公共服务提供的现象，其根源在于基于GDP的绩效考核体系，以及政府职能在公共领域的长期缺位。因此，建议中央政府未来要调整发展战略，首先把发达地区政府的职能逐渐转移到社会发展上来，并且对绩效考核体系做出相应调整。基本公共服务的支出不仅仅是政府必须承担的责任和义务，也是一项能促进经济增长的重要机制和渠道。既然"长三角"地区早已提出了率先全面实现高水平小康社会目标，而且中央也要求"长三角"地区为中国实现基本现代化的宏伟目标带好头、做示范，那么也应该要求地方政府在职能上率先进行机制改革，以全面深化改革支撑全面高水平小康社会和基本现代化目标的实现。

第二，为具体保证经济发展水平的均等化和公共服务的均等化，各级政府应根据辖区内的具体情况，运用各种政策手段缩小落后地区与其他地区的发展差距，同时将民生类的财政支出向不发达地区倾斜。经济发展水平相对薄弱的地区，则要通过努力谋求公共服务的水平提高来吸引人才，以此实现经济增长与发展环境优化之间的良性循环，实现追求经济增长与投入公共服务之间的均衡。基本公共服务水平作为发展环境优化的主要组成部分，应该成为各级政府致力于发展环境打造的第一目标去努力。上级政府对相对落后地区的扶贫和促进发展工作，也应该将较多的财力投入在教育、医疗、社会保障等托底性的基本公共服务上。省级或中央政府的转移支付，有必要也有义务帮助相对落后地区解决这个发展的基础性问题。

第三，要建立并完善均等化的财政转移支付制度。要改革现行的转移支付制度，增强中央政府提供地方公共服务的职责，理顺地方的财权事权关系，建立权责对应的财税制度。比如，中央对地方特别是对县域经济的财政转移支付，应主要用于弥补其主体税收收入不足以提供基本公共产品时的财政收支缺口上，要保证不同经济发展水平的地区、不同收入阶层在享受基本公共产品方面达到均等。在税制结构没有大的变动的情况下，目前仅靠县乡政府自身，并不能完全改变其财政困境的局面，中央财政有必要通过转移支付，给予地方政府适当的财力支持，因此纵向平衡是首先必须达到的目标。随着社会经济的发展，人们对公共产品的需求越来越旺盛，而由于我国各地社会经济发展程度落差大，均等化目标也应该是政府的必然选择。

第四，对于不同的地区，应根据各地区的基本公共服务现状在相关领域上有的放矢。例如，“长三角”地区重点要加强的是社会保障和文化体育类服务的均等化发展；江苏基本公共服务均等化水平相对滞后，与经济大省的地位不匹配，未来发展重点应主要向民生领域倾斜；浙江虽然均等化程度较高，但城乡差距、社会保障和文化体育类服务与其他公共服务的差距依旧较大，应在此基础上继续加大公共服务领域的投入。

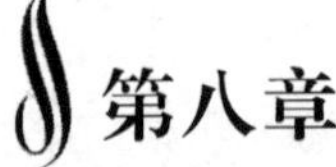

第八章 服务业再分配政策对经济增长的影响

一、引言

减税是刺激经济增长的最有效因素。减税，能够减轻企业负担，扩大企业利润、刺激企业生产和创新，还能够增加人民收入，提高劳动积极性，增加劳动收入。高税负不一定能够使财政收入增加，反而可能因为抑制经济供给侧的活动，增加无谓损失。正如供给学派代表人物拉弗所描绘的曲线那样，税率高到一定程度，总税收收入不仅不增长，反而开始下降。我国目前税负偏高，2013 年和 2014 年，我国政府收入分别占当年 GDP 的 36.7% 和 37.2%。宏观税负略微超过发达国家水平，比发展中国家平均水平高近 10 个百分点；而在 1995—2013 年，我国财政收入增速在 10%—20%，持续高于 GDP 增速。较重的税负明显增加了企业成本，打击了居民消费。

目前，服务业已经超过制造业成为我国 GDP 占比最大的行业。那么，给服务业减税这种供给侧的改革是否能够推动经济增长呢？从税收视角研究服务业增长的文献（夏杰长、李小热，2007；欧阳坤、许文，2009），基本以定性描述为主；而定量的研究主要重点在于减税对被税行业的直接推动，如宏观税负对宏观经济的影响，服务业的行业税负对服务业发展的影响等（陈金保等，2011），减税的间接影响较少被观察到。

本章以生产者服务业减税的间接增长效应为例，分析了这种供给侧改革的影响。由于产业间存在互相依赖的共生关系，过高的生产者服务业税负及服务业税负阻碍了关联行业的发展，因而影响到整体经济增速，这是通过作为其他行业的中间投入的服务来传导的。服务业具有不同于第一、二产业的独特的行业特征。第一、二产业的产品就是直接消耗掉的最终产品，而服务业中，大部分服务最后作为中间投入再次投入到其他行业的生产过程中。作为最终需求的消费者服务业所占比重较低，而作为其他产业的中间消耗的生产者服务业①所占比重较大。

本章将服务业用于中间使用的那部分界定为生产者服务业，用于中间使用的部分越多，该行业越具有生产者服务业的特征。表 8－1 计算了我国国民经济对服务业各行业的中间需求率和第二产业对服务业各行业的需求率。中间需求率是国民经济各产业对某产业产品的中间使用量与该产品的总需求量（中间使用量与最终需求量之和）的比值。中间需求率越高，表明该产业越具有中间产品的性质，其生产者服务业部分所占比重越大。大部分服务业的中间需求率较高，仅有教育、卫生社会保障和社会福利业、公共管理和社会组织，中间需求率小于 10%，产品主要用于最终消费，不投入生产过程；交通运输仓储邮政业、信息传输计算机服务和软件业、批发和零售贸易业、住宿和餐饮业、金融业、租赁和商务服务业、研究与实验发展业、综合技术服务业、居民服务和其他服务业的中间需求率均大于 50%。可见，服务行业的大部分产出都投入到了其他行业的生产过程中，生产者服务占比较大，消费者服务占比较低。从第二产业对各服务业行业的需求率来看，交通运输仓储邮政业、金融业、研究与实验发展业和综合技术服务业投入第二产业的中间使用率达到 50% 以上，对第二产业的发展作用至关重要。

从上述分析可以看出，对作为中间投入的行业征税，最终影响到其他关联行业的生产与发展。反过来，给这部分服务减税，其效应也会是乘数式的：减税不但可以促进本行业的增长，还能通过这种间接机制，拉动其他行业乃至宏观经济的发展。所以，减轻服务业各行业的税负，不仅仅是出于发展服务业的考虑，更是出于发展高端制造业和推动增长的考虑。在制定行业税收政策时，如能利用服务业的税收政策作为调节变量，可以起到四两拨千斤的作用。

本章强调了服务业的特殊性以及对服务业征税的间接作用，将税收与经济增长的研究与产业研究结合起来，是一个相对独特的视角。如果作为中间品的生产者服务税负减轻，对下游关联行业的发展会有怎样的影响？这个研究结论对于从供给侧进行结构性改革，推动服务业、制造业和经济增长具有重要意义。

---

①　根据 OECD 网站（https：//stats. oecd. org/glossary/detail. asp？ID＝2440）的统计术语定义，生产者服务指的是为生产用作中间投入的服务。因此其产出的主要投入方向应当是第二产业。

表 8－1 中国服务业各行业的需求率 单位：%

	2007		2010	
	中间需求率	二产需求率	中间需求率	二产需求率
交通运输仓储、邮政业	75.0	49.1	83.9	56.1
信息传输、计算机服务和软件业	54.2	29.0	49.1	26.7
批发和零售贸易业	51.7	39.5	54.8	43.1
住宿和餐饮业	56.7	20.8	64.5	25.8
金融业	76.4	40.1	79.6	41.5
房地产业	25.1	7.4	21.3	6.0
租赁和商务服务业	64.7	28.4	69.2	33.1
研究与实验发展业	65.4	52.3	56.6	46.1
综合技术服务业	74.8	55.5	73.7	55.2
水利、环境和公共设施管理业	31.9	14.9	27.4	12.9
居民服务和其他服务业	50.3	15.5	47.2	14.0
教育	9.9	1.8	3.8	0.8
卫生、社会保障和社会福利业	9.2	6.7	6.9	5.2
文化、体育和娱乐业	48.2	17.6	49.1	18.9
公共管理和社会组织	0.9	0.4	0.9	0.4

资料来源：根据 2007 年、2010 年投入产出表计算。

本章的第三部分利用一个 D－S 模型说明给生产者服务业减税如何影响关联产业，第四部分描述了现阶段服务业税负的趋势，第五、六部分将我国 2005—2011 年的省级数据与投入产出表结合起来，首先检验了生产者服务业行业税负与第二产业发展的影响，其次检验生产者服务业税负对细分制造业产业发展的影响。第七部分是政策建议。

二、相关文献

相关的文献主要是两个方向：一是产业关联的角度，即从生产者服务业出发考虑服务业变化对相关产业和宏观经济的影响；二是税收角度，即从税收政策本身出发考虑税收对宏观经济的影响。

（一）服务业的产业关联效应

服务业税收变化对经济增长的关联效应是通过提供中间投入的服务业来传导的。Grubel 和 Walker（1988）从服务对象的视角把服务业划分为生产者服务、消费者服务和公共服务三大类。生产者服务业通过给商品和服务的生产者提供作为中间投入的服务，体现为生产成本的一部分。他们实证研究发现，发达国家服务业的增长主要来源于对服务业中间需求的上升。Oulton（2001）从理论上推导了中间投入对产出和就业的变化。通过服务外包，制造业节约了成本，并享受到专业化分工带来的好处；中间服务需求的上升加剧了服务提供者之间的竞争，也提升了自身的效率，扩大了行业规模。我国的研究近年来尤其重视生产者服务业对其他产业积极的关联效应。刘志彪等（2015）认为，其中的机制主要有三个方面：第一，服务与制造环节的分离。第二，服务要素投入的知识密集特性降低了制造业的生产成本，并增强了制造业控制市场的能力。第三，服务业的发展降低了制造业的交易成本。

虽然生产者服务业的作用已经得到了普遍的承认，但是在制定系统性的政策时，产业间的互相依赖关系还未引起足够的重视。

（二）税收与经济增长

理论上一般支持减税对经济增长的积极作用。理论方面的研究主要在内生经济模型的框架下进行，其基本思想是，如果不考虑税收的使用（财政支出），增加税收是不利于经济增长的。对生产要素如资本和劳动征税，直接降低了资本或劳动的净收益，减少产出，不利于财富积累；企业所得税抑制了企业投资的动机和资本的形成，个人所得税降低了劳动者工作的积极性，投资和劳动供给受到影响，因此经济增长率趋于下降（Barro，1990）。较早把财政变量加入经济增长等式中的研究是 Barro（1991），他发现了政府支出与 GDP 之比与增长之间显著的负面影响。Reed（2008）对美国 1970—1999 年的宏观税负和经济增长做了全面检验，发现当期和滞后的税负变化与经济增长负相关。虽然这种负面的显著关系根据变量选取、估计方法、时间间隔而有所不同，但是在几乎所有情况下都一直稳健存在。之后较有影响的是 Romer 和 Romer（2010），他们通过分析联邦税收的变动记录文件，如总统演讲，国会报告等，以识别法定的税收冲击。通过这种新的衡量方式，分析了美国第二次世界大战以来税收政策的变化。最终发现税负的变化对产出的负面影响比早期研究测算出的更大。外生的税负每增加 GDP 的一个百分点将会导致随后三年内的 GDP 减少 3 个百分点。即使控制了经济状态、货币政策及政府支出等影响，结果也是稳健的。之后，Barro 和 Redlick（2011）发现，平均边际税负每增加一个点，下一年的人均 GDP 可以提高 0.5%。

如果考虑税收的使用，政府收入的提高意味着政府提供公共服务能力的加强，社会福利可能因之而改善，在某个程度时有助于经济增长，但是总的来看，从各国的实证研究来看，即使控制了政府支出、经济周期、货币政策等变量，近年来的经验研究，不管使用发达国家还是发展中国家的数据，都支持增税阻碍经济增长的观点（Folster 和 Henrekson，2000；刘溶沧和马拴友，2002；IMF，2010）。

除了直接研究税负对经济增长，更进一步的研究多是讨论不同税种（如所得税、消费税等）和税收结构对整体经济不同程度的影响。经验研究中，一般认为企业所得税和个人所得税是对经济损害最大的两个税种。Mertens 和 Ravn（2012）在 Romer 和 Romer（2010）的方法基础上，同样分析了第二次世界大战后美国税收的变化，并且区分了企业所得税和个人所得税。他们发现减轻个人所得税对短期 GDP 的推动明显，而减轻企业所得税对长期增长比较有效。平均个人所得税每下降一个百分点，人均真实 GDP 在随后第一个季度上升 1.4 个百分点，三个季度后最多上升 1.8 个百分点。平均企业所得税每下降一个百分点，人均真实 GDP 在随后第一个季度上升 0.4 个百分点，在一年后上升 0.6 个百分点。对 OECD 国家 1971—2004 年的实证研究（Arnold 等，2011）表明，企业所得税对经济增长影响最大，个人所得税次之，消费税和财产税再次之。Lee 和 Gordon（2005）检验了 70 个国家 1980—1997 年各税种与经济增长的关系，发现企业所得税与经济增长变慢有显著性的关系，而对其他税种来说这个关系不够显著。在何茵和沈明高（2009）对中国 1999—2007 年税收结构和经济增长的研究中，个人所得税对经济增长的负效应最强，营业税的负效应最弱。因此，短期内如果不改变税收总量，减少个人所得税而增加营业税比重，可以提高经济效率。

不管是直接研究税收对经济增长的文献，还是进一步讨论税收结构对的文献，都赞成减税对经济增长的促进。然而以上文献关注点在宏观层面，甚少考虑到行业层面，因此也没从产业关联的角度考虑税收对经济增长的遏制。

三、生产者服务税负影响增长的机制分析

内生增长理论中，已有很多模型论述税收与经济增长的关系，如 AK 模型、人力资本模型等。本节以 Dixit – Stigliz（1977）的垄断竞争模型为基础，重点阐述生产者服务业的税收对制造业或其他下游行业增长的影响上，其主要思想是：生产者服务是某最终产品生产行业（如制造业，以下皆以制造业为代表）除劳动和资本外的主要投入，给生产者服务减税将能够扩大生产者服务业规模，降低制造业的生产成本，从而从正面影响制造业的产出和生产率。

假设资本是给定的，不考虑资本变动的影响。假设一个经济体由两种技术构成，一个是生产者服务 X，另一个是劳动投入 L。生产者服务 X 是中间投入，是 n 种复合服务种类的组合。生产最终品 Y 需要投入生产者服务 X 和劳动投入 L。

$$X = \left(\sum_{i=1}^{n} x_i^{\alpha}\right)^{1/\alpha},\ \alpha \in (0,1) \tag{8-1}$$

生产中间投入只需投入劳动 L_i，但受到中间投入行业 i 的税负 t 影响。假定各中间投入行业税负均为 t。

$$x_i = L_i - t \tag{8-2}$$

生产的最终品（制造品）Y 满足 Cobb – Douglas 生产函数：

$$Y = AX^{\beta}L^{1-\beta} \tag{8-3}$$

劳动投入 L 一是用来生产最终品，二是用来生产作为最终品中间投入的生产者服务。根据式（8 – 3），分配给最终产品生产的劳动比例为 $1-\beta$，分配给生产者服务生产的劳动比例为 β。假设总的劳动供给为 N，则分配给最终产品生产的劳动为 $(1-\beta)N = L$，分配给生产者服务的劳动为 $\beta N = \sum_{i=1}^{n} L_i$。

（8 – 2）式对 i 加总：$\sum_{i=1}^{n} x_i = \sum_{i=1}^{n} L_i - nt$。假设生产者服务具有对称性，得：

$$x_i = \beta N/n - t \tag{8-4}$$

将（8 – 4）代入（8 – 1），得：

$$X = n^{(1-\alpha)/\alpha}\beta N - n^{1/\alpha}t \tag{8-5}$$

由式（8 – 5）可以看出，X 的产出和生产率随着 n 的增加而增加，即生产者服务的规模和种类越多，专业化程度越高，生产者服务业的产出和生产率就越大；t 增加，X 的产出和生产率随之下降。

假设单位劳动报酬为 w。在均衡时，各服务企业根据边际成本定价。求解利润最大化问题根据一阶条件，可得每种中间投入服务的价格 $p_i = w/\alpha$。

具体地，生产中间品 x_i 的企业利润最大化问题为：

$$Max_x \pi = p_i x_i - wL_i = p_i x_i - w\ (x_i + t) \tag{8-6}$$

假设生产者服务可以自由进入，则均衡利润 π 为 0。

因为 $p_i = w/\alpha$，代入式（8－6）得：

$$X_i = \alpha t/(1-\alpha)$$

$$L_i = t/(1-\alpha) \tag{8-7}$$

将式（8－4）代入式（8－7）可以解出均衡条件下的生产者服务种类：

$$n* = (1-\alpha)\beta N/t \tag{8-8}$$

由此可见，均衡状态下的生产者服务业规模也受到其行业税负 t 的影响，t 越大，生产者服务业规模越小。

将式（8－8）代入式（8－5）得：

$$X = [(1-\alpha)^{(1-\alpha)/\alpha} - (1-\alpha)^{1/\alpha}](\beta N)^{1/\alpha} t^{(\alpha-1)/\alpha}$$

中间投入 X 对行业税负 t 的弹性为：$\frac{\partial X/X}{\partial t/t} = \frac{\alpha-1}{\alpha} < 0(0<\alpha<1)$

再求最终产出 Y 对中间投入（生产者服务）X 的行业税负 t 的弹性：

$$\frac{\partial Y/Y}{\partial t/t} = \beta\frac{\alpha-1}{\alpha} < 0$$

即生产者服务行业税负 t 每降低 1 个百分点，最终产出 Y 增加 $\beta\frac{\alpha-1}{\alpha}$ 个百分点。这就是说，较低的中间行业税负导致了一个较大的“$n\times$”出现，并因此间接的影响到均衡状态下的最终产品产出和生产率。我们据此提出命题：

命题：对生产者服务减税，通过扩大生产者服务业规模，增加了制造业的产出和生产率。

四、服务业税负的背景分析

（一）税负变化分析

与制造业的情况比较，我国服务业税负在 2002—2011 年的时间中逐步上升，有以下三个特点：第一，在增加值占比相对滞后的情况下，税收占比持续上升。这里使用小口径的宏观税负测算，即宏观税负为行业税收收入占行业增加值的比重。2002—2011 年，服务业宏观税负由 13.56% 增加到 22.37%，增加了 8.8 个百分点，同期服务业增加值占比由 41.47% 增加到 43.35%，增加了 1.88 个百分点，宏观税负的增幅约为增加值占比增幅的 5 倍。制造业增加值占比 2002 年到 2011 年由 19.07% 增至 31.85%，而宏观税负却从 31.77% 下降到 23.68%。服务业增加值的上升幅度有限，税收却增长过快。第二，税负水平加重。税收弹性系数是税收增幅与产出增幅之比，反映了税收收入增长对经济的反应程度。一般情况下，税负增幅应当小于产出增幅，即税收弹性系数小于1，但实际情况并非如此。从图 8－1 看，服务业税收弹性系数低于 1 的年份只有 2009 年，其他时间均大于 1。而制造业还有 4 个年份的税收弹性系数小于 1。这足以揭示我国服务业税收在 2002—2011 年大体上是一种超常增长的状态。边际宏观税负是税收增量占产出增量的比重。2002 年到 2011 年，服务业新增产出转化为税收的比重从 0.23 提升到 0.29。制造业的边际宏观税负线大多数时候都在服务业之下，仅有 2009 年、2011 年超过服务业。因此这个指标也能够折射出服务业整体税收过重的问题。第三，税收增长先于增加值增长。除了 2009 年服务业税收增长率低于增加值增幅 3.33 个百分点以外，其余年份税收的增幅均大大高于同期的增加值增幅，在 2007 年，税收增幅达到 43.97%，是增加值增幅的 1.7 倍。制造业税收增幅和制造业增加值增幅相比之下就均衡得多，不少年份的增加值增长率超过税收增长率或者大致相仿，只有从 2009 年起税收增长才快于增加值增长，不过其缺口还是比服务业小。

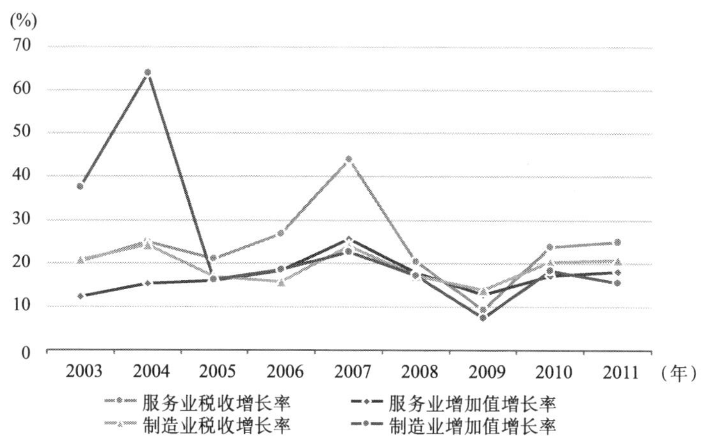

图 8－1　服务业与制造业税负水平比较（一）

资料来源：历年中国统计年鉴、中国税务年鉴。

（二）税收结构比较

我国服务业的税收结构不利于服务业，也不利于生产者服务业。从表8－2的税收结构看，最近几年服务业税收的主要来源是内资企业所得税、营业税和增值税。与制造业对比，服务业增值税消费者两种流转税税负较低。消费税征收的行业主要是批发和零售业；2012年起我国开始推进营改增试点，目的是给服务业减轻税收，但只涉及交通运输业和部分现代服务业，没有推广到其他服务业。因此，这两个税负较低的税种难以对服务业整体以及生产者服务业产生较大影响，相对较重的营业税和企业所得税等流转税，却涉及范围较广，是对服务业所有行业征收的税种。

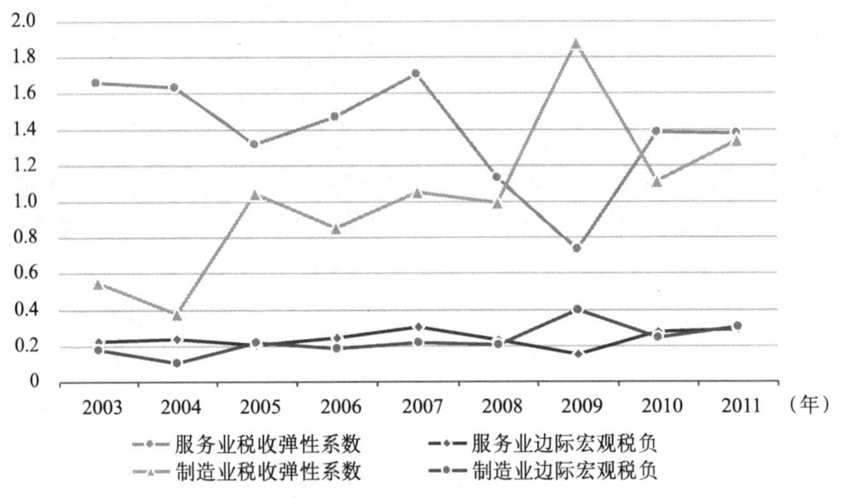

图8－2　服务业与制造业税负水平比较（二）

同时，服务业营业税、内资企业所得税和个人所得税较高。经验研究已证明，对于经济增长损害最大的税种是企业所得税和个人所得税（Mertens和Ravn，2012；Romer和Romer，2010）。这两个税种也是对生产者服务业损害较大的税种。服务生产中主要的投入是劳动力，生产者服务业更是以高端劳动力为主要投入的知识密集型行业。个人和企业所得税较高，自然直接打击从业人员的工作积极性，影响到服务业其是生产者服务业人力资本的积累。再考虑到生产者服务业与高端制造业的关联，服务业税负过重对经济造成的损害就以乘数的方式扩大了。

表 8-2 2008—2011 年服务业和制造业的税收结构 单位:%

年份	增值税		消费税		营业税		内资企业所得税		个人所得税	
	服务业	制造业	服务业	制造业	服务业	制造业	服务业	制造业	服务业	制造业
2008	12.84	49.05	0.08	11.84	22.01	0.38	22.37	7.62	9.20	3.35
2009	13.84	45.05	0.66	18.64	23.44	0.38	21.66	5.34	8.75	3.05
2010	14.25	40.53	1.05	19.26	23.12	0.43	18.75	5.87	8.45	3.31
2011	13.29	36.80	1.03	18.27	22.56	0.42	20.01	6.72	8.55	3.35

资料来源：各年中国税务年鉴。

五、计量模型设定

（一）生产者服务业税负水平对关联产业发展的影响

引言指出，对服务业减税不仅促进服务业自身的发展，还会通过产业间的关联作用促进其他关联行业（主要是第二产业、制造业等）的发展。为了验证这个机制（主要命题），检验式（8-9）：

$$G_{ijt} = \alpha_0 + \alpha_1 w_{jkt} T_{ikt} + \alpha_2 GCAP_{ijt} + \alpha_3 share_{ijt} + u_i + \varepsilon_{ijt} \qquad (8-9)$$

其中，i 为地区，j 为关联行业，k 为生产者服务业。G_{ijt} 代表地区 i 行业 j 的增长速度。$share_{ijt}$ 控制了地区 i 行业 j 在初期（2005 年、2007 年、2009 年）的发展程度。初期发展越成熟，增长速度越慢。权重 w_{jkt} 是根据投入产出表合并后的生产者服务行业 k 与行业 j 的产业关联度。产业关联的分析基础是投入产出法，对于产业间的关联衡量的指标主要有直接关联系数和完全关联系数。直接关联系数是从相邻两个产业的产品消耗关系计算的，但是从整个社会的产品消耗关系看，一种产品对另外一种产品的消耗还表现为间接消耗。间接消耗更进一步表现了产业内部的循环关系。因此使用体现间接消耗的完全关联系数，它严格的表示为完全消耗系数 c_{ij}（德米特里耶夫完全消耗系数）[①]，公式如下：

$$X = (x_{ij})_{n\times n}$$

$$A = (a_{ij})_{n\times n}, a_{ij} = x_{ij} / \sum {}_i x_{ij}, B = (b_{ij})_{n\times n} = (I - A)^{-1}$$

① 使用直接消耗系数进行计算，不影响结论。这是因为各种关联系数在数学表达式上是对直接消耗系数做同比例数学变换。故只列出了完全消耗系数作为产业关联度计算的结果。

$$B - I = (c_{ij})_{n \times n} \tag{8-10}$$

其中，X 为中间投入矩阵（流量表），A 为投入产出系数矩阵，B 为里昂惕夫逆矩阵，C 为德米特里耶夫矩阵。假定各地区的产业关联度相同，且等于全国水平，因此 w_{jk}不加下标 i。计算数据来自中国 2005 年 2007 年和 2010 年三年的投入产出表，并依本书需要，从流量表的数据中重新合并行业，求出完全关联系数。

T_{ikt}是生产者服务业 k 在地区 i 初期的税负水平。$GCAP_{ijt}$控制地区 i 行业 j 的人均固定资产净值的复合增长率。u_i控制了地区 i 影响产业增长速度的其他因素。式（8－9）为一个固定效应的面板模型（后文结果用 Hausman 检验表明固定效应模型是合适的，检验过程略）。行业方面，综合考虑生产者服务业的定义①，以及行业税收、增加值数据的可获得性，选取交通运输仓储和邮电通信业、金融保险业作为代表性的生产者服务行业。选取纺织业、金属制品业和通信设备计算机及其他电子设备制造业三个行业作为劳动密集型、资本密集型和技术密集型制造业的代表。

（二）各指标计算方法

1. G_{ijt}

地区 i 行业 j 的发展程度，用三个时间长度（2005—2007 年、2007—2009 年、2009—2011 年）的行业产值或劳动生产率的复合增长率衡量。各地区的第二产业增加值按照各地区的第二产业增加值指数进行平减，基年为 2005 年。制造业细分行业的产值采用全国的工业品出厂价格指数进行平减。第二产业的数据来自历年《中国统计年鉴》，细分行业的数据来自历年《中国工业经济统计年鉴》。

2. T_{ikt}

衡量税收负担水平用的是小口径的宏观行业税负概念，即各年各地区生产者服务行业税收/行业增加值。而其中，大连、青岛、厦门、深圳、宁波五个计划单列市，无须上缴省级财政，但是又计入了省内产值，因此将它们的税收

① 生产者服务业的划分主要基于功能上的考虑。本章选取这两个行业主要参考表 8－1，房地产业、租赁和商务服务业这几个在不少研究中认为是生产者服务的行业，中间需求率和第二产业需求率较低，在我国基本没有起到生产者服务业的作用。交通运输仓储及邮政业、金融业、研究与实验发展业和综合技术服务业第二产业的中间使用率达到 50% 以上，而后两个行业数据缺乏。

和对应省份合并处理。数据来自历年《中国税务年鉴》。

3. $share_{ijt}$

地区 i 在该期初始时（2005 年、2007 年、2009 年）制造业行业 j 占全国该行业产值的比重，用来控制当地该产业的集聚程度。对于第二产业，这个值为地区 i 的第二产业占比。一般来说，产业发展越成熟，增长率越慢。数据来自历年《中国统计年鉴》以及《中国工业经济统计年鉴》。

4. $GCAP_{ijt}$

地区 i 制造业行业 j 的人均固定资产净值的复合增长率（2005—2007 年、2007—2009 年、2009—2011 年）。人均固定资产净值等于按各地各年份固定资产投资价格平减后的固定资产净值除以全部从业人员年平均人数，数据来自历年《中国工业经济统计年鉴》。

六、实证结果

（一）产业关联程度

根据式（8 - 10），我们计算了 2005—2010 年的两个代表性生产者服务业和相关产业的完全关联度（见表 8 - 3）。从表 8 - 3 可以得出三个基本结论：第一、第二产业和细分制造业行业对本行业内的关联水平较高，对两个代表性生产者服务的关联水平较低。第二产业对第二产业的行业内依赖程度甚至超过了 1，但对交运仓邮业只有 0.116（2010 年）。从表 8 - 4 可知，同年交运仓邮业已经是服务业中第二产业中间需求率最高的行业。因此总体来说，我国的第二产业和制造业和生产者服务业的关联较弱。这一方面表明，我国生产者服务业发展水平不高，还没有完全从制造业中剥离出来，起到接近发达国家生产者服务业对制造业一般的带动水平；另一方面表明，由于我国第二产业和制造业是依靠国际代工的模式发展起来的，使用的生产者服务环节在国外，产业关联可能因此被割裂了（张月友，2014）。第二，在第二产业对具体生产者服务业的关联上，对交通运输及仓储、邮政业依赖较高，对金融业依赖较低。第二产业对交运仓邮的依赖约在 0.1 左右，对金融业的依赖只有它的 1/3 到 1/2。这实际上反映，金融业还没很好的发挥作为经济的循环系统的功能，对相关行业拉动作用有限。在三种细分行业中，劳动密集型的纺织业和资本密集型的金属制品业对金融业的依赖度约为0.01到0.02之间，技术和资本密集型的通信设备计算机及其他电子设备制造业对金融业的依赖度最高，从2007年开始，金融业与它的关联度就超过了交运仓邮业。可见，现代化和专业化的制造业越是发展，就对现代化和专业化的生产者服务业需求越高。第三，从时间趋势看，第二产业和细分制造业行业对生产者服务业的需求并不是逐步增强的，而是存在一定的波动，例如，各生产者服务业和第二产业的关联度就有“倒V型”波动趋势。从细分行业来看，随着时间推进，纺织业、金属制品业、通信设备计算机及其他电子设备制造业与金融业的产业关联程度越来越深，而交运仓邮与各细分制造业的产业关联程度在2005年最高，在小幅下降后，2010年又出现了一些上升，但均未超过2005年的关联水平。

表8－3　2005—2010年生产者服务业和相关产业对应完全关联度 w_{ij}

	第二产业			纺织业			
	2005年	2007年	2010年		2005年	2007年	2010年
二产	1.582	2.931	1.925	纺织	0.513	0.622	0.600
交运仓邮	0.101	0.122	0.116	交运仓邮	0.034	0.031	0.033
金融	0.033	0.062	0.054	金融	0.015	0.026	0.029
	金属制品业				通信设备计算机及其他电子设备制造业		
	2005年	2007年	2010年		2005年	2007年	2010年
金属制品	0.131	0.143	0.155	通信	0.942	1.101	0.941
交运仓邮	0.042	0.025	0.031	交运仓邮	0.049	0.032	0.042
金融	0.008	0.011	0.014	金融	0.025	0.051	0.062

（二）生产者服务业税负水平对第二产业发展的影响

表8－4为生产者服务业税负水平对第二产业发展程度的回归结果。方程1到方程3的被解释变量为第二产业劳动生产率增长率，方程4到方程6的被解释变量为第二产业增加值的增长率。由于行业税负存在一定的共线性，方程1－2和3－4将生产者服务业行业税负分别对被解释变量做回归。从表8.3来看，交运仓邮业的税负水平对于第二产业的劳动生产率和增加值增长率的作用都是负值，表现出行业税负越高、第二产业的发展速度越低的特点，但回归系数只有在方程6中在1%的程度下显著，表明交运仓邮业税负虽然与第二产业

发展速度存在一定此消彼长的关系，但是交运仓邮业对第二产业的支撑力度还未达到很强的水平。再看金融业对第二产业的回归结果。相比交运仓邮业，表 8 - 3 的分析已经说明金融业与第二产业的完全关联程度比较弱，这个特点即在表 8 - 4 第四行的回归系数中表现出来，可以发现，金融业税负与第二产业发展速度的相关性并不明显，在方程 2/5/6 中甚至出现了负号。

表 8 - 4　　生产者服务业对第二产业发展的结果

VARIABLES	(1)	(2)	(3)	(4)	(5)	(6)
gcap	0.276***	0.263***	0.064	-0.009	-0.009	-0.078
	(0.064)	(0.062)	(0.094)	(0.026)	(0.025)	(0.047)
share	0.511	0.637*	-0.176	-0.330**	-0.305**	-0.366
	(0.327)	(0.325)	(0.438)	(0.133)	(0.134)	(0.218)
w1 × 交运仓邮税负	-0.340		-6.378	-1.335		-7.870***
	(3.207)		(4.930)	(1.300)		(2.453)
w2 × 金融税负		1.709	-4.087		0.564	1.025
		(0.980)	(3.994)		(0.404)	(1.987)
Constant	-0.181	-0.252	0.221	0.321***	0.294***	0.392***
	(0.152)	(0.153)	(0.201)	(0.062)	(0.063)	(0.100)
Observations	93	93	62	93	93	62
R - squared	0.276	0.311	0.093	0.121	0.134	0.584

注：“ *** ” 表示 p < 0.01，“ ** ” 表示 p < 0.05，“ * ” 表示 p < 0。括号内为标准差。

（三）扩展：生产者服务业对细分行业发展的影响

接下来对生产者服务行业税负对制造业细分行业影响进行分析。表 8 - 5 和表 8 - 6 分别是交运仓邮业和金融业对代表性细分行业纺织业、金属制品业和通信设备计算机及其他电子设备制造业的劳动生产率和产值增长率回归的结果。其中，方程 1 到方程 3 的被解释变量为行业劳动生产率增长率，方程 4 到方程 6 的被解释变量为行业增加值的增长率。

从表 8 - 5 交运仓邮业对各细分制造业发展的结果看，交运仓邮业的税负能负面影响纺织业和金属制品业的发展速度，但未达到一定的显著性；而交运仓邮业的税负对通信设备计算机及其他电子设备制造业的增长作用不明显，看起来似乎是独立的。而从表 8 - 6 金融业对细分制造业发展的结果看，虽然在

表 8－2 中金融业与各行业的关联不如交运仓邮业强，但各细分行业对金融行业的税负水平变动的反应更为敏感。譬如，各细分行业的生产率增长和增加值增长都与金融业税负存在负面关系。方程 4 至方程 6 表明，金融行业税负越重，就越是显著抑制各细分行业的增加值增长率。从生产率角度看，方程 1 至方程 3 表明，金融行业的税负也会影响到各细分行业的生产率增长率，在技术密集型的通信设备计算机及其他电子设备制造业，金融行业税负的影响比较显著。从影响幅度来看，金融行业税负对劳动密集型的纺织业影响最小（系数小于 1），对资本密集型的金属制品业影响最大，对技术密集型的通信制造业影响次之。但金属制品业影响系数统计上显著性不如通信业。综合地看显著性和系数大小，金融业的税负水平对技术密集型行业影响最大。金融业的行业税负每下降 1 个百分点，可以使通信制造业的增加值增长率增加 9.2 个百分点。

表 8－5　　交运仓邮业对细分制造业发展的结果

VARIABLES	纺织 (1)	金属 (2)	通信 (3)	纺织 (4)	金属 (5)	通信 (6)
gcap	0.076* (0.044)	0.054 (0.118)	−0.016 (0.091)	0.082 (0.156)	−0.183*** (0.051)	0.068 (0.142)
share	−4.163 (3.223)	−6.244* (3.249)	−1.021 (3.377)	−6.437 (4.271)	−2.649 (3.750)	−3.419 (5.235)
w1 × 交运仓邮税负	−37.714 (25.593)	−19.488 (22.586)	9.241 (19.884)	−3.650 (29.689)	−12.096 (29.782)	44.585 (30.827)
Constant	0.385*** (0.124)	0.321** (0.126)	0.056 (0.137)	0.456*** (0.166)	0.281* (0.145)	0.183 (0.213)
Observations	92	90	86	90	92	86
R－squared	0.092	0.078	0.007	0.044	0.202	0.050

注："***"表示 $p<0.01$，"**"表示 $p<0.05$，"*"表示 $p<0$。括号内为标准差。

表 8－6　　金融业对细分制造业发展的结果

VARIABLES	纺织 (1)	金属 (2)	通信 (3)	纺织 (4)	金属 (5)	通信 (6)
gcap	0.069 (0.045)	0.084 (0.118)	0.018 (0.087)	−0.183*** (0.051)	0.137 (0.152)	0.109 (0.138)
share	−3.985 (3.301)	−7.055** (3.238)	−4.019 (3.397)	−2.665 (3.775)	−7.757* (4.149)	−8.301 (5.370)

续表

VARIABLES	纺织 (1)	金属 (2)	通信 (3)	纺织 (4)	金属 (5)	通信 (6)
w2×金融税负	-0.157 (4.235)	-17.460 (11.225)	-5.932** (2.349)	-0.890* (4.844)	-31.263** (14.385)	-9.207** (3.713)
Constant	0.289** (0.112)	0.430*** (0.117)	0.247* (0.129)	0.256** (0.128)	0.551*** (0.150)	0.582*** (0.204)
Observations	92	90	86	92	90	86
R-squared	0.058	0.104	0.110	0.201	0.117	0.115

注："***"表示 $p<0.01$，"**"表示 $p<0.05$，"*"表示 $p<0$。括号内为标准差。

（四）小结

从行业层面看，不同的生产者服务业对不同类型的制造业的影响存在明显的异质性。这主要是因为，不同类型的行业对生产者服务业的需求不一致。总体看，第二产业的生产率和增加值的增长依赖于交运仓邮业较多，依赖金融业较少。细分行业看，交运仓邮业税负对劳动密集型的纺织业和资本密集型的金属制品业发展有负面影响，而对技术密集型的通信设备计算机及其他电子设备制造业没有明显作用。这说明劳动密集型和资本密集型制造业对运输、物流等生产者服务依赖较大。金融业税负对资本密集型的金属制品业与技术密集型的通信设备计算机及其他电子设备制造业影响较大，对劳动密集型的纺织业影响较小。表明资本和技术密集型行业由于大量资金投入的行业特性，更加需要金融行业的支持，传统行业如纺织业，一来需要的资金相对较少，二来尚不能充分利用高端的生产者服务业作为中间投入。因此，资本密集型行业和技术密集型行业对金融业需求较大，对其行业税负的变化也就更加敏感。

七、本章小结

本章构建了一个生产者服务业税负影响制造业发展的模型，对生产者服务减税，通过扩大生产者服务业规模，可以提高制造业的产出和生产率。在此分析基础上，研究了我国生产者服务业税负与相关产业增长的关系。根据估算，

2005—2011 年，交运仓邮业是和第二产业关系比较紧密的行业，交运仓邮业税负降低，可以在一定程度上提高第二产业产出和劳动生产率。从细分制造业行业来看，交运仓邮业税负降低，对劳动密集型行业和资本密集型行业发展有积极影响。而金融行业税负降低，对技术密集型行业和资本密集型行业影响较大。本章的结果还说明，我国第二产业、制造业和生产者服务业的联系较弱，产业关联还有待提高。以上结论对我国相关政策的制定有如下启示：

为了发挥生产者服务业的引擎功能，应从供给侧对重点影响生产者服务业的税收体制进行改革。我国制造业要想向高端攀升，从产业关联的视角看，就得有强大的生产者服务业。生产者服务业作为制造业的中间投入，直接决定了制造业的产业升级和产品竞争力。目前，我国生产者服务业的规模和专业化程度与我国制造业的发展要求不匹配。譬如，在税收结构上，如果不改变总量，主要应从供给面减轻对经济增长影响较大的企业所得税和个人所得税。企业所得税方面，服务业企业尤其是生产者服务业，主要投入是人力资本，固定资本占比较低。因此在缴纳企业所得税时，服务企业的固定资本折旧较少，人力资本成本较高。工资、奖金、分红等个人收入都要征收个人所得税。一个促进生产者服务业发展的途径是允许生产者服务部门人力资本折旧，使其成本在税前扣除，从而鼓励生产者服务部门人力资本投入，促进生产性服务部门整体人力资本的升级（江静等，2007）。个人所得税方面，高技术人员的收入通常较高，过高的个人所得税降低了个人教育的回报率和创新动力，不利于培养人力资本。可以通过税收政策加强对高端人才的激励、鼓励企业对人力资本投资，如个人所得税扣除教育、研发等费用，给予高科技人才较高的免征额，对高端技术人员在技术成果和技术服务方面的收入实行减征等。

发达国家的经济发展历史说明，生产者服务业与制造业的关系是相互促进和依赖的，发达国家的工业发展和产品竞争力水平的提高，越来越依赖作为中间投入的生产者服务业。通过对产业关联度的分析我们发现，我国第二产业和相关制造业的产业增长和效率的提升并不完全依赖于国内生产者服务业的投入，不仅对生产者服务业依赖度不高，并且还存在一定的波动。如何打造适应本国工业化需求的生产者服务业，如何完善制造业和服务业的产业关联机制，对政府制定产业政策和相关的财政政策是一个挑战。这不仅需要鼓励和引导相关制造企业将中间投入本地化，更重要的是进行一系列的配套改革。作为减轻供给约束的手段，减税并不是单纯的减税，对内打破包括财政税收制度的各种制度障碍，是供给侧结构性改革的应有之义。

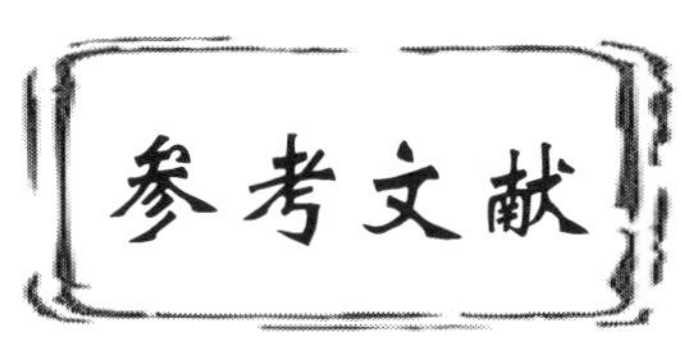

参考文献

[1] Acemoglu D. Technical change, inequality, and the labor market [J]. Journal of economic literature, 2002, 40 (1): 7-72.

[2] Acemoglu D. Labor - and capital - augmenting technical change [J]. Journal of the European Economic Association, 2003, 1 (1): 1-37

[3] Alam K, Mahal A. Economic impacts of health shocks on households in low and middle income countries: a review of the literature [J]. Globalization and health, 2014, 10 (1): 21.

[4] Anand S, Kanbur S M R. Inequality and development A critique [J]. Journal of Development economics, 1993, 41 (1): 19-43.

[5] Arnold J M, Brys B, Heady C, et al. Tax policy for economic recovery and growth [J]. The Economic Journal, 2011, 121 (550): F59-F80.

[6] Autor D H, Duggan M G. The rise in the disability rolls and the decline in unemployment [J]. The Quarterly Journal of Economics, 2003: 157-205.

[7] Barro & Redrick CJ, Macroeconomic Effects of Government Purchases and Taxes [J]. 126 Quarterly Journal of Economics, 2011: 51-102.

[8] Barro R J. Government Spending in a Simple Model of Endogeneous Growth [J]. Journal of Political Economy, 1990: S103-S125.

[9] Barro R J. Inequality and Growth in a Panel of Countries [J]. Journal of economic growth, 2000, 5 (1): 5-32.

[10] Barro, R. "Economic Growth in a Cross-Section of Countries" [J].

Quarterly Journal of Economics, 1991, 104: 407 -444.

[11] Bartel A P, Lichtenberg F R. The age of technology and its impact on employee wages [J] . Economics of Innovation and New Technology, 1991, 1 (3): 215 -231.

[12] Baumol W J. Macroeconomics of unbalanced growth: the anatomy of urban crisis [J] . The American economic review, 1967, 57 (3): 415 -426.

[13] Baum - Snow N, Pavan R. Understanding the city size wage gap [J] . The Review of economic studies, 2012, 79 (1): 88 -127.

[14] Becker G S, Chiswick B R. Education and the Distribution of Earnings [J] . The American Economic Review, 1966, 56 (1/2): 358 -369.

[15] Behrens K, Robert - Nicoud F. Survival of the fittest in cities: Urbanisation and inequality [J] . The Economic Journal, 2014, 124 (581): 1371 -1400.

[16] Blanchflower D G, Oswald A J, Sanfey P. Wages, profits and rent - sharing [R] . National Bureau of Economic Research, 1992.

[17] Blank R M, Card D, Levy F, et al. Poverty, income distribution, and growth: are they still connected? [J] . Brookings Papers on Economic Activity, 1993, 1993 (2): 285 -339.

[18] Blinder A S. Offshoring: the next industrial revolution? [J] . Foreign affairs, 2006: 113 -128.

[19] Bluestone B. The impact of schooling and industrial restructuring on recent trends in wage inequality in the United States [J] . The American Economic Review, 1990, 80 (2): 303 -307.

[20] Breau S, Kogler D F, Bolton K C. On the relationship between innovation and wage inequality: new evidence from Canadian cities [J] . Economic Geography, 2014, 90 (4): 351 -373.

[21] Chakravorty S. Urban Inequality Revisited The Determinants of Income Distribution in US Metropolitan Areas [J] . Urban Affairs Review, 1996, 31 (6): 759 -777.

[22] Chennells L, Van Reenan J. Technical change and earnings in British establishments [J] . Economica, 1997, 64 (256): 587 -604.

[23] Chennells L, Van Reenen J. Technical change and the structure of employment and wages: A survey of the microeconometric evidence [J] . Productivity,

Inequality and the Digital Economy, MIT Press, Cambridge, MA, 2002: 175 -223.

[24] Cook P, Uchida Y. Structural change, competition and income distribution [J] . The Quarterly Review of Economics and Finance, 2008, 48 (2): 274 -286.

[25] Coulter P B. Measuring inequality: A methodological handbook [M] . Westview Press, 1989.

[26] David H, Dorn D. The growth of low - skill service jobs and the polarization of the US labor market [J] . American Economic Review, 2013, 103 (5): 1553 -1597.

[27] Davis D R, Dingel J I. The comparative advantage of cities [R] . National Bureau of Economic Research, 2014.

[28] De Witte K, Geys B. Evaluating efficient public good provision: Theory and evidence from a generalised conditional efficiency model for public libraries [J] . Journal of urban economics, 2011, 69 (3): 319 -327.

[29] Devarajan S, Swaroop V, Zou H. The composition of public expenditure and economic growth [J] . Journal of monetary economics, 1996, 37 (2): 313 -344.

[30] Dixit A K, Stigliz J E. Monopolistic competition and optimum product diversity [J] . The American Economic Review, 1977, 67 (3): 297 -308.

[31] Donegan M, Lowe N. Inequality in the creative city: Is there still a place for "old - fashioned" I nstitutions? [J] . Economic Development Quarterly, 2008, 22 (1): 46 -62.

[32] Dunne T, Schmitz Jr J A. Wages, employment structure and employer size - wage premia: their relationship to advanced - technology usage at US manufacturing establishments [J] . Economica, 1995: 89 -107.

[33] Echeverri - Carroll E, Ayala S G. Wage differentials and the spatial concentration of high - technology industries [J] . Papers in Regional Science, 2009, 88 (3): 623 -641.

[34] Elsby M W L, Hobijn B, Şahin A. The decline of the US labor share [J] . Brookings Papers on Economic Activity, 2013, 2013 (2): 1 -63.

[35] Ervik R. The redistributive aim of social policy: a comparative analysis of taxes, tax expenditure transfers and direct transfers in eight countries [R] . LIS

Working Paper Series, 1998.

[36] Fölster S, Henrekson M. Growth effects of government expenditure and taxation in rich countries [J] . European Economic Review, 2001, 45 (8): 1501 –1520.

[37] Freund C, Weinhold D. The Internet and international trade in services [J] . The American Economic Review, 2002, 92 (2): 236 –240.

[38] Fuchs V R. Front matter, The Service Economy [M] //The service economy. NBER, 1968.

[39] Garofalo G, Fogarty M S. Urban income distribution and the urban hierarchy – equality hypothesis [J] . The Review of Economics and Statistics, 1979: 381 –388.

[40] Ghani E, Kharas H. The service revolution in South Asia: an overview [J] . The service revolution in South Asia, 2010: 1 –32.

[41] Goldberg P K, Pavcnik N. Distributional effects of globalization in developing countries [J] . Journal of economic Literature, 2007, 45 (1): 39 –82.

[42] Goos M, Manning A, Salomons A. Job polarization in Europe [J] . American economic review, 2009, 99 (2): 58 –63.

[43] Gregorio J D, Lee J W. Education and income inequality: new evidence from cross – country data [J] . Review of income and wealth, 2002, 48 (3): 395 –416.

[44] Greunz L. Industrial structure and innovation – evidence from European regions [J] . Journal of evolutionary economics, 2004, 14 (5): 563 –592.

[45] Grubel H G, Walker M A. Modern service sector growth: Causes and effects [J] . Services in World Economic Growth. 1989: 1 –34.

[46] Grubel H G, Walker M A. Service and the changing economic structure [J] . Services in World Economic Growth Sysposium Institute, 1988.

[47] Gustafsson B, Johansson M. In search of smoking guns: What makes income inequality vary over time in different countries? [J] . American sociological review, 1999: 585 –605.

[48] Han J, Liu R, Zhang J. Globalization and wage inequality: Evidence from urban China [J] . Journal of international Economics, 2012, 87 (2): 288 –297.

[49] Harrison A, Hanson G. Who gains from trade reform? Some remaining

puzzles1 [J] . Journal of development Economics, 1999, 59 (1): 125 - 154.

[50] Hausman J A, Taylor W E. Panel data and unobservable individual effects [J] . Econometrica: Journal of the Econometric Society, 1981: 1377 - 1398.

[51] Hoekman B, Braga C A P. Protection and trade in services: a survey [J] . Open Economies Review, 1997, 8 (3): 285 - 308.

[52] IMF. IMF Fiscal Monitor: Tackling Inequality [EB/OL] . http: // www. imf. org/en/Publications/FM/Issues/2017/10/05/fiscal - monitor - october - 2017.

[53] Jensen J B, Kletzer L G, Bernstein J, et al. Tradable services: Understanding the scope and impact of services offshoring [with comments and discussion] [C] //Brookings trade forum. Brookings Institution Press, 2005: 75 - 133.

[54] Jensen J B, Kletzer L G. Measuring the task content of offshorable services jobs, tradable services and job loss [J] . Labor in the New Economy, 2010: 309 - 335.

[55] Jones C I, Takes M S, Spence M. Introduction of Economic Growth [J] . 1998.

[56] Karabarbounis L, Neiman B. The global decline of the labor share [J] . The Quarterly Journal of Economics, 2013, 129 (1): 61 - 103.

[57] Knight J B, Sabot R H. Educational expansion and the Kuznets effect [J] . The American Economic Review, 1983, 73 (5): 1132 - 1136.

[58] Korpi M. Does size of local labour markets affect wage inequality? a rank - size rule of income distribution [J] . Journal of Economic Geography, 2008, 8 (2): 211 - 237.

[59] Kuznets S. Economic growth and income inequality [J] . The American economic review, 1955, 45 (1): 1 - 28.

[60] Lee N, Rodríguez - Pose A. Innovation and spatial inequality in Europe and USA [J] . Journal of Economic Geography, 2013, 13 (1): 1 - 22.

[61] Lee Y, Gordon R H. Tax structure and economic growth [J] . Journal of public economics, 2005, 89 (5): 1027 - 1043.

[62] Leigh D, Deveries P, Freedman C, ET AL. Will it hurt? Macroeconomic effects of fiscal consolidation [J] . World Economic Outlook, 2010: 93 - 124.

[63] Li H, Zhu Y. Income, income inequality and health: Evidence from China [M] //Understanding Inequality and Poverty in China. Palgrave Macmillan,

London, 2008: 137 - 172.

[64] Luft H S. The impact of poor health on earnings [J]. The Review of Economics and Statistics, 1975: 43 - 57.

[65] Martínez - Ros E. Wages and innovations in Spanish manufacturing firms [J]. Applied Economics, 2001, 33 (1): 81 - 89.

[66] Mertens & Ravn。The dynamic effects of personal and corporate income tax changes in the United States [J]. The American Economic Review, 2013, 103 (4): 1212 - 1247.

[67] Mishra V, Smyth R. Technological Change and Wages in China: Evidence from Matched Employer - Employee Data [J]. Review of Development Economics, 2014, 18 (1): 123 - 138.

[68] Nielsen F, Alderson A S. The Kuznets curve and the great U - turn: income inequality in US counties, 1970 to 1990 [J]. American Sociological Review, 1997: 12 - 33.

[69] Nielsen F. Income inequality and industrial development: Dualism revisited [J]. American Sociological Review, 1994: 654 - 677.

[70] Oulton N. Must the growth rate decline? Baumol's unbalanced growth revisited [J]. Oxford Economic Papers, 2001, 53 (4): 605 - 627.

[71] Paci R, Usai S. The role of specialisation and diversity externalities in the agglomeration of innovative activities [J]. Rivista Italiana degli Economisti, 2000 (2): 237 - 268.

[72] Parker S C. Income inequality and the business cycle: a survey of the evidence and some new results [J]. Journal of Post Keynesian Economics, 1998, 21 (2): 201 - 225.

[73] Partridge J S, Partridge M D, Rickman D S. State patterns in family income inequality [J]. Contemporary Economic Policy, 1998, 16 (3): 277 - 294.

[74] Pianta M, Tancioni M. Innovations, wages, and profits [J]. Journal of Post Keynesian Economics, 2008, 31 (1): 101 - 123.

[75] Ravallion M. Growth, inequality and poverty: looking beyond averages [J]. World development, 2001, 29 (11): 1803 - 1815.

[76] Reed W R. The robust relationship between taxes and US state income growth [J]. National Tax Journal, 2008: 57 - 80.

[77] Richardson H W. Regional growth theory [M] . Springer, 1973.

[78] Romer C D, Romer D H. The macroeconomic effects of tax changes: estimates based on a new measure of fiscal shocks [R] . National Bureau of Economic Research, 2007.

[79] Ryscavage P, Green G, Welniak E. The impact of demographic, social, and economic change on the distribution of income [J] . Studies in the Distribution of Income, 1992: 11 -30.

[80] Shepherd W G. The elements of market structure [J] . The review of economics and statistics, 1972: 25 -37.

[81] Shorrocks A F. Decomposition procedures for distributional analysis: a unified framework based on the Shapley value [J] . Journal of Economic Inequality, 2013: 1 -28.

[82] Suedekum J. Human capital externalities and growth of high - and low - skilled jobs [J] . 2006.

[83] Van Reenen J. The creation and capture of rents: wages and innovation in a panel of UK companies [J] . The Quarterly Journal of Economics, 1996: 195 -226.

[84] Walks R A. Economic restructuring and trajectories of socio - spatial polarization in the twenty - first - century Canadian city [J] . Canadian urban regions: Trajectories of growth and change, 2011: 125 -159.

[85] Wan GH. Accounting for Income Inequality in Rural China: A Regression - based Approach [J]. Journal of Comparative Economics, 2004, 32 (2): 348 - 363

[86] Wheeler C H. Wage inequality and urban density [J] . Journal of Economic Geography, 2004, 4 (4): 421 -437.

[87] Wood A. How trade hurt unskilled workers [J] . The Journal of Economic Perspectives, 1995, 9 (3): 57 -80.

[88] Wood A. North - South trade, employment, and inequality: Changing fortunes in a skill - driven world [M] . Oxford University Press on Demand, 1995.

[89] Xu L C, Zou H. Explaining the changes of income distribution in China [J] . China Economic Review, 2000, 11 (2): 149 -170.

[90] Young A T. Labor's share fluctuations, biased technical change, and the

business cycle [J]. Review of Economic Dynamics, 2004, 7 (4): 916 – 931.

[91] 白重恩, 钱震杰. 国民收入的要素分配: 统计数据背后的故事 [J]. 经济研究, 2009, 3: 27 – 41.

[92] 白重恩, 钱震杰. 谁在挤占居民的收入 – 中国国民收入分配格局分析 [J]. 中国社会科学, 2009 (5): 99 – 115.

[93] 白重恩, 陶志刚, 仝月婷. 影响中国各地区生产专业化程度的经济及行政整合的因素 [J]. 经济学报, 2006, 2: 63 – 72.

[94] 白重恩, 钱震杰, 武康平. 中国工业部门要素分配份额决定因素研究 [J]. 经济研究, 2008, (08): 16 – 28.

[95] 蔡昉. 城乡收入差距与制度变革的临界点 [J]. 中国社会科学, 2003, 5: 16 – 25.

[96] 蔡昉. 探索适应经济发展的公平分配机制 [J]. 人民论坛, 2005 (10): 30 – 31.

[97] 蔡萌, 岳希明. 中国社会保障支出的收入分配效应研究 [J]. 经济社会体制比较, 2018 (01): 36 – 44.

[98] 常进雄, 王丹枫. 初次分配中的劳动份额: 变化趋势与要素贡献 [J]. 统计研究, 2011, (05): 58 – 64.

[99] 陈爱贞, 刘志彪. 中国行政垄断的收入与财富分配效应估算 [J]. 数量经济技术经济研究, 2013, 10: 005.

[100] 陈斌开, 杨依山, 许伟. 中国城镇居民劳动收入差距演变及其原因: 1990 – 2005 [J]. 经济研究, 2009 (12): 30 – 42.

[101] 陈斌开, 张鹏飞, 杨汝岱. 政府教育投入、人力资本投资与中国城乡收入差距 [J]. 管理世界, 2010 (01): 36 – 43.

[102] 陈昌盛, 蔡跃洲. 中国政府公共服务: 体制变迁与地区综合评估 [M]. 中国社会科学出版社, 2007.

[103] 陈纯槿, 李实. 城镇劳动力市场结构变迁与收入不平等: 1989 ~ 2009 [J]. 管理世界, 2013, (1).

[104] 陈金保, 赵晓, 何枫. 税收负担、税收结构对我国服务业增长影响的实证分析 [J]. 中国农业大学学报 (社会科学版), 2011 (3): 184 – 190.

[105] 陈林, 朱卫平. 创新, 市场结构与行政进入壁垒 – 基于中国工业企业数据的熊彼特假说实证检验 [J]. 经济学, 2011, 10 (2): 653 – 674.

［106］陈钊，万广华，陆铭．行业间不平等：日益重要的城镇收入差距成因——基于回归方程的分解［J］．中国社会科学，2010，(3).

［107］陈志武．收入差距为什么在恶化［N］．经济观察报，2012年7月13日．

［108］陈宗胜，周云波．体制改革对城镇居民收入差别的影响——天津市城镇居民收入分配差别再研究［J］．中国社会科学，2001 (6)：54-62.

［109］傅娟．中国垄断行业的高收入及其原因：基于整个收入分布的经验研究［J］．世界经济，2008 (7)：67-77.

［110］谷成，李俊毅．城乡收入分配差距的扩大与我国社会保障制度的整合［J］．东北财经大学学报，2004 (04)：3-6.

［111］何茵，沈明高．政府收入、税收结构与中国经济增长［J］．金融研究，2009 (9)：14-25．

［112］黄先海，徐圣．中国劳动收入比重下降成因分析——基于劳动节约型技术进步的视角［J］．经济研究，2009，44 (07)：34-44.

［113］加里·贝克尔．人力资本理论［J］．北京：中信出版社2007年版，2007.

［114］江静，刘志彪，于明超．生产者服务业发展与制造业效率提升：基于地区和行业面板数据的经验分析［J］．世界经济，2007 (8)：52-62.

［115］姜付秀，余晖．我国行政性垄断的危害——市场势力效应和收入分配效应的实证研究［J］．中国工业经济，2007 (10)：71-78.

［116］李稻葵，刘霖林，王红领．GDP中劳动份额演变的U型规律［J］．经济研究，2009，(01)：70-82.

［117］李建新等．中国民生发展报告2015［M］，北京：北京大学出版社，2015.

［118］李实，宋锦．中国城镇就业收入差距的扩大及其原因［J］．经济学动态，2010 (10)：4-10.

［119］李实，赵人伟．中国居民收入分配再研究［J］．经济研究，1999，4 (3)．

［120］李实，宋锦，刘小川．中国城镇职工性别工资差距的演变［J］．管理世界，2014，(3).

［121］李实，朱梦冰，詹鹏．中国社会保障制度的收入再分配效应［J］．社会保障评论，2017，1 (04)：3-20.

[122] 林毅夫，刘培林．中国的经济发展战略与地区收入差距［J］．经济研究，2003，3（19.25）．

[123] 刘丹鹭．服务业不均衡增长与城市居民收入差距——基于回归方程的夏普里值分解［J］．现代经济探讨，2017（7）：71-81.

[124] 刘丹鹭．服务业生产率及服务业发展研究［M］，北京：经济科学出版社，2013.

[125] 刘国恩，William H. Dow，傅正泓，John Akin. 中国的健康人力资本与收入增长［J］．经济学（季刊），2004（04）：101-118.

[126] 刘溶沧，马栓友．论税收与经济增长——对中国劳动，资本和消费征税的效应分析［J］．中国社会科学，2002（1）：67-76.

[127] 刘小玄．中国转轨经济中的产权结构和市场结构［J］．经济研究，2003，1（2）．

[128] 刘渝琳，梅斌．行业垄断与职工工资收入研究［J］．中国人口科学，2012，1：51-59.

[129] 刘志彪等．产业经济学［M］．北京：机械工业出版社，2015.

[130] 卢宏友等．中国基本公共服务均等化进程报告［M］．北京：人民出版社，2012.

[131] 陆铭，陈钊．城市化，城市倾向的经济政策与城乡收入差距［J］．经济研究，2004，6（3）：8.

[132] 罗长远，张军．经济发展中的劳动收入占比：基于中国产业数据的实证研究［J］．中国社会科学，2009，4：65-79.

[133] 倪红日，张亮．基本公共服务均等化与财政管理体制改革研究［J］．管理世界，2012，（09）：7-18.

[134] 聂海峰，岳希明．行业垄断对收入不平等影响程度的估计［J］．中国工业经济，2016（2）：5-20.

[135] 欧阳坤，许文．促进我国服务业发展的税收政策研究［J］．税务研究，2009（4）：9-14.

[136] 曲兆鹏，范言慧．对外开放扩大还是缩小了中国的工资不平等？［J］．世界经济研究，2012

[137] 任志成，张二震．承接国际服务外包的就业效应［J］．财贸经济，2008（6）：62-66.

[138] 任重，周云波．垄断对我国行业收入差距的影响到底有多大？［J］．

经济理论与经济管理，2009，2009（4）：25－30.

［139］Sylvie Démurger，Martin Fournier，李实，魏众．中国经济转型中城市劳动力市场分割问题——不同部门职工工资收入差距的分析［J］．管理世界，2009（03）：55－62.

［140］谭晓婷，钟甫宁．新型农村合作医疗不同补偿模式的收入分配效应——基于江苏、安徽两省30县1500个农户的实证分析［J］．中国农村经济，2010（03）：87－96.

［141］田艳芳．个人和公共卫生支出对城乡居民收入差距的影响［J］．卫生经济研究，2014（03）：28－34.

［142］托马斯，皮凯蒂．21世纪资本论［J］．译，北京：中信出版社，2014.

［143］万广华，陆铭，陈钊．全球化与地区间收入差距：来自中国的证据［J］．中国社会科学，2005，3：17－26.

［144］王小鲁，樊纲．中国收入差距的走势和影响因素分析［J］．经济研究，2005，10：24－36.

［145］王晓军，康博威我国社会养老保险制度的收入再分配效应分析［J］．统计研究，2009，26（11）：75－81.

［146］王延中，龙玉其，江翠萍，徐强．中国社会保障收入再分配效应研究——以社会保险为例［J］．经济研究，2016，51（02）：4－15.

［147］翁杰，周礼．中国工业部门劳动收入份额的变动研究：1997—2008年［J］．中国人口科学，2010（4）：31－45.

［148］伍山林．劳动收入份额决定机制：一个微观模型［J］．经济研究，2011（9）：55－68.

［149］武鹏．行业垄断对中国行业收入差距的影响［J］．中国工业经济，2011（10）：76－86.

［150］夏杰长，李小热．我国服务业与税收的互动关系［J］．税务研究，2007（8）：20－26.

［151］许宪春．中国服务业核算及其存在的问题研究［J］．经济研究，2004，（03）：20－27.

［152］苑会娜．进城农民工的健康与收入——来自北京市农民工调查的证据［J］．管理世界，2009（05）：56－66.

［153］岳希明，李实，史泰丽．垄断行业高收入问题探讨［J］．中国社

会科学，2010（03）：77－93

［154］张车伟．营养、健康与效率——来自中国贫困农村的证据［J］．经济研究，2003（01）：3－12.

［155］张杰，卜茂亮，陈志远．中国制造业部门劳动报酬比重的下降及其动因分析［J］．中国工业经济，2012（05）．

［156］张万强．转移性收入视角下的政府转移支付对居民收入差距的影响——以辽宁为例［J］．社会科学辑刊，2009（05）：82－86.

［157］张晓静．城市居民收入不平等的微观因素分析－来自北京市城市居民的经验数据［J］．经济理论与经济管理，2008，2008（5）：21－27.

［158］张原，陈建奇．人力资本还是行业特征：中国行业间工资回报差异的成因分析［J］．世界经济，2008（05）：68－80.

［159］张原．中国行业垄断的收入分配效应［J］．经济评论，2011（4）：54－62.

［160］张月友．中国的“产业互促悖论”——基于国内关联与总关联分离视角［J］．中国工业经济，2014（10）：46－58.

［161］郑志国．中国企业利润侵蚀工资问题研究［J］．中国工业经济，2008，（01）：5－13.

［162］邹薇，张芬．农村地区收入差异与人力资本积累［J］．中国社会科学，2006（2）．